UNA MEJOR MANERA DE ORAR

Si Tu Vida de Oración no Está Funcionando,
Considera Cambiar de Dirección

Por

Andrew Wommack

A menos que se indique lo contrario, todas las citas bíblicas fueron tomadas de la *versión Reina Valera de la Biblia, revisión* 1960.

Título en inglés: *A Better Way To Pray*
If Your Prayer Life is not Working, Consider Changing Directions
ISBN 13: 978-1-60683-412-1
Copyright © 2009 por Andrew Wommack Ministries, Inc.
P.O. Box 3333
Colorado Springs, CO 80934-3333

Traducido por: Citlalli Macy y René M. Tapia
Edición en Español Copyright 2009

CONTENIDO

INTRODUCCIÓN

¿Estás listo para que tu vida de oración mejore? ¿Te gustaría aprender a orar con más precisión y a recibir las respuestas de Dios con mayor rapidez? Si así es, ¡estás leyendo el libro adecuado!

Cuando los discípulos le preguntaron a Jesucristo cómo deberían orar, nuestro Señor enfrentó los mitos y las ideas equivocadas en relación a la oración en Su época. De hecho Él invirtió bastante tiempo combatiendo ideas falsas y hablando sobre lo que la oración no es antes de decirles cual es la manera correcta para orar. El sistema religioso se había convertido en un sistema lleno de hipocresía y falsedad, así que el Señor tuvo que cambiar las creencias de la gente respecto a la oración antes de poder enseñarles con eficacia lo que la oración es.

El título que va más de acuerdo al contenido de este libro no es La Única Manera de Orar, ni No Obtendrás Ningún Resultado Si No Oras de Esta Manera, sino más bien Una Mejor Manera De Orar. Voy a compartir algunas cosas que probablemente te ofenderán; pero ten la seguridad de que si te piso los callos el Señor te los sanará.

¿Si la manera cómo estás orando no te está dando buenos resultados, por qué habrías de resistirte a cambiar en esta área?

Todas las enseñanzas que estoy refutando, yo las he practicado. Aun así Dios me amaba y yo a Él. Teníamos una buena relación a pesar de que estaba haciendo esas cosas. Sin embargo, ahora soy más eficiente para ver las manifestaciones de mis oraciones contestadas que nunca antes en mi vida. Ya no oro como lo hacía hace quince, veinte o treinta años. ¡He madurado bastante desde entonces!

Hoy, por todo el cuerpo de Cristo los creyentes conservan creencias y muestran actitudes totalmente equivocadas en relación a la oración. Se preguntan por qué no están recibiendo los resultados que desean. ¡Dios quiere corregir esto!

Soy consciente de que voy a refutar algunas ideas populares sobre la oración. Puede ser que yo ofenda algunas de las tradiciones que han sido muy apreciadas por ti. Pero déjame preguntarte esto: ¿Si la manera cómo estás orando no te está dando buenos resultados, por qué habrías de resistirte a cambiar en esta área?

No soy un ejemplo perfecto. No he llegado a la meta—pero ya arranqué, y estoy obteniendo resultados sobrenaturales a través de mis oraciones. He visto a mi propio hijo resucitar después de estar muerto por cinco horas. A menos que estés obteniendo mejores resultados que yo, por lo menos deberías considerar las cosas que estoy diciendo.

Por muchos años, he meditado en todas las citas bíblicas que usan en alguna forma la palabra "oración". Creo que lo que el Señor me ha revelado a través de Su Palabra te va a bendecir mucho. Aunque posiblemente sea diferente de todo lo que te han enseñado con anterioridad, tengo confianza que este estudio te ayudará a encontrar: ¡Una Mejor Manera De Orar!

CAPÍTULO 1

A los Hipócritas les Encanta Orar

La oración es el aspecto de la vida Cristiana del que más se ha abusado. Los conceptos equivocados sobre la oración confunden espiritualmente a más gente que ninguna otra cosa.

Jesucristo enseñó que hay maneras correctas e incorrectas para orar:

> *Y cuando ores, no seas como los hipócritas; porque ellos aman el orar.*
>
> Mateo 6:5

La mayoría de los creyentes no relacionan a los hipócritas con la oración. Ellos piensan: "Si estás orando ¿qué puede haber de malo con eso?" Mucho, ¡porque a los hipócritas les encanta orar!

Simplemente porque empiezas tu declaración con las palabras: "Padre nuestro..." y concluyes con "...en el nombre de Jesús, amén" esto no significa que eso sea una oración. Mucho de lo que hoy en día se llama "oración" ofende a Dios y le abre una puerta al diablo. ¡Hay maneras correctas e incorrectas para orar!

¿El Muchacho Mensajero de Dios?

A Dios le interesa mucho más la actitud de tu alma que está tras tus oraciones que las palabras que pronuncias.

En 1969, escuché la enseñanza equivocada que decía que Satanás es "El muchacho mensajero de Dios". Esta enseñanza decía que el diablo sólo puede hacer lo que Dios le permite, y por lo tanto, Dios lo usa para producir el bien en nuestras vidas. Eso está totalmente mal, pero no lo sabía en aquel entonces. Le traje esta enseñanza a mi novia y ella la aceptó.

En esas cintas que le di, se relataba el ejemplo de un joven que era muy tímido para evangelizar a sus compañeros de clase. El joven oró y le pidió a Dios que le diera una enfermedad incurable para que pudiera mostrar su fe en Cristo a través de cómo enfrentó la muerte. Al día siguiente se enfermó de leucemia. Como resultado de esto cuatro personas fueron vueltas a nacer en su funeral.

Aunque la fe de este joven le trajo algo de gloria a Dios, ésta no es una oración correcta. Mi novia oró de la misma manera y la diagnosticaron con leucemia al día siguiente en la mañana. Como resultado de esto cuatro personas fueron vueltas a nacer en su funeral. Sin embargo, Dios no era el que estaba contestando esas oraciones al "bendecirlos" con leucemia. Satanás sacó ventaja de esas oraciones erróneas y mató a dos gentes jóvenes antes de que fuera su tiempo. ¡Orar equivocadamente trae resultados equivocados!

Orar Equivocadamente

Jesucristo tuvo que mostrar lo que la oración no es, antes de que enseñara lo que la oración es. (Mt. 6:5-13). El Señor mismo primero tuvo que combatir los conceptos religiosos que se referían a la oración en su época; si no lo hubiera hecho la gente no hubiera podido comprender de lo que iba a hablar.

Hoy en día las cosas están así de mal ¡o peor! Como las oraciones de los fariseos que Jesucristo combatió, la oración se ha convertido en una religión de calistenia. La gente la usa para tranquilizar su conciencia, para sentir que ha hecho algo para manipular y motivar a Dios para que actúe a su favor—¡estas razones están mal!

A Dios le interesa mucho más la actitud de tu alma que está tras tus oraciones que las palabras que pronuncias. Simplemente porque te pases una hora o más, en lo que llamas "oración" eso no significa que estás logrando algo. ¡Si tu actitud está mal, estás orando mal!

Y cuando ores, no seas como los hipócritas; porque ellos aman el orar en pie en las sinagogas y en las esquinas de las calles, para ser vistos de los hombres; de cierto os digo que ya tienen su recompensa.

Mateo 6:5

"¡Qué persona tan santa! ¿Has escuchado cómo bombardea con su oración las puertas del cielo?" Esa palmadita en la espalda llena de egocentrismo es todo lo que reciben porque la admiración del hombre es la única recompensa para esta clase de "oración". ¡No van a recibir nada de parte de Dios!

¡Dios ya ha hecho todo lo que Él iba a hacer! Él actuó una vez y por siempre a través de la muerte, sepultura y resurrección de Jesucristo.

¿Estás consciente de que puedes operar dones poderosos del Espíritu, hacer grandes sacrificios personales, y aun así no impresionar a Dios? ¡Es cierto! Si tu motivación no es la adecuada, no importa lo que hagas: orar en lenguas, profetizar, actuar con fe, darle de tus bienes a los pobres, o hasta sacrificar tu propia vida, eso no te va a beneficiar en nada si lo haces sin la clase del amor de Dios (1 Co.13:1-3). En el reino de Dios, ¡la actitud del corazón hace la diferencia!

Si no estás viendo los resultados deseados en tu vida de oración, analiza tus motivos. ¿Tus oraciones están verdaderamente motivadas por el amor? Comprendo que puede ser difícil aceptar la respuesta a esta pregunta porque siempre quieres ser positivo y creer lo mejor. Sin embargo, si te permites analizar objetivamente tu vida de oración, ¿podría ser que el resultado de este análisis sea que tu vida de oración no te ofrece ningún beneficio? ¿Has orado por años sin ver la manifestación? Quizás tu cuerpo no ha sanado, o tu situación económica en realidad no ha mejorado; de cualquier forma, simplemente las cosas no están funcionando. Amigo, no es Dios el que no ha estado contestando tus oraciones; ¡son tus oraciones las que han estado equivocadas!

Dios Ya Actuó

La mayoría de los Cristianos ven a la oración como una oportunidad para hacer que "Dios actúe". Creen que Dios puede hacer cualquier cosa, pero que todavía no lo ha hecho. Con esta mentalidad, la oración es un medio para hacer que Dios haga algo. Si esto es lo que crees, tu vida de oración está edificada sobre una base defectuosa.

¡Dios ya ha hecho todo lo que Él iba a hacer! Él actuó una vez y por siempre a través de la muerte, sepultura y resurrección de Jesucristo. A través de la expiación, Dios ya ha perdonado y sanado a todas las personas que serán perdonadas o sanadas. ¡Él ahora ni siquiera tiene que levantar Su dedo meñique para causar una sanidad o una salvación!

Por lo que a Dios se refiere, los pecados de todo el mundo ya han sido perdonados. El sacrificio perfecto del Cordero lidió en forma definitiva con los pecados pasados, presentes y futuros de todos los creyentes y también de los no creyentes. Esto no significa que todos simplemente son "automáticamente" salvos (o sanados). Cada individuo debe recibir por sí mismo por fe lo que Jesucristo ya proveyó para poder beneficiarse de eso. Si alguien te da un regalo, ese regalo no es tuyo totalmente hasta que lo recibes.

Como Cristianos, debemos instruir a la gente para que aprenda a recibir lo que Dios ya ha hecho por ellos a través de la expiación. Es por esto que la técnica evangelista popular de decirle a la gente que "le pida a Jesucristo que venga a su corazón" es bíblicamente incorrecta. Estrictamente hablando, tú no tienes que "pedirle" a Dios que te "salve". Esto da a entender que el Señor no ha hecho nada todavía y no lo hará hasta que tú hagas tu petición. Entonces dependiendo de cómo se sienta en relación a ti, responderá ya sea positiva o negativamente. Esto es totalmente incorrecto porque ¡Jesús ya hizo todo para todos nosotros desde hace dos mil años!

El carcelero Filipense se acercó a Pablo y a Silas, preguntando: "Señores, ¿qué debo hacer para ser salvo?" Ellos dijeron: Cree en el Señor Jesucristo, y serás salvo, tú y tu casa. ¿Creer qué?

Creer que Él resolvió totalmente el problema del pecado en el Calvario. El pago ya ha sido hecho. ¡Ahora se trata simplemente de creer y recibir!

"No lo Sé"

Al final de una reunión, una dama me informó que ella le había pedido al Señor que entrara a su corazón cientos de veces pero todavía no tenía la seguridad de que había sido salva. Le dije: "¡Esta noche vamos a orar y vas a obtener confianza!" Después de orar con ella para recibir la salvación, le pregunté: "¿Eres salva?"

Ella respondió: "Bueno, no lo sé".

"¿Qué quieres decir con 'no lo sé'?" Señalando a mi Biblia abierta, le dije: "La Palabra dice aquí en Romanos 10:9, 'Que si confesares con tu boca que Jesús es el Señor, y creyeres en tu corazón que Dios le levantó de los muertos, serás salvo'. ¿Confesaste con tu boca?"

"Sí".

"¿Crees que Dios resucitó a Jesucristo de los muertos?"

"Sí".

"¿Eres salva?"

"No lo sé".

"Mira conmigo el verso 13. 'Porque todo aquel que invocare el nombre del Señor, será salvo'. ¿Se refiere a ti esta cita bíblica?"

"Bueno, creo que sí".

"¿Confesaste el nombre del Señor?"

"Sí".

"¿Eres salva?"

"No lo sé". ¡Ella simplemente no podía creer que era salva!

Recibe lo que Él ha Hecho

En una situación como ésa, ¿qué pensarías si te dijera: "No estoy seguro por qué Dios no la ha salvado? ¿Podrías unirte conmigo en oración y en ayuno para interceder por su salvación? ¡No debemos soltar a Dios hasta que la salve!"

Cristo ya proveyó todo lo que necesitas para vivir una vida abundante a través de Su expiación. ¡No es Su responsabilidad hacer algo, (Él ya lo hizo) es tu responsabilidad recibir lo que Él ha hecho!

Tú probablemente no estarías de acuerdo conmigo y me contestarías: "No, Andrew, así no funciona. Dios ya la salvó. Si ella no ha recibido, entonces ¡su receptor es el problema y no el transmisor de Dios!"

¿Qué pasaría si en un servicio alguien en silla de ruedas pasara al frente para recibir sanidad? Si yo orara y no viera a esa persona levantarse de la silla de ruedas inmediatamente, podría preguntarle a la congregación: "¿Cuántos de ustedes van a apoyarme para seguir orando con fe? Vamos a ayunar y a orar en unidad, y no vamos a soltar a Dios hasta que sane a esta persona". ¡Te apuesto que podría persuadir al 90% de la congregación a estar de acuerdo conmigo!

Sin embargo La Palabra de Dios claramente declara: "Por tanto, de la manera que habéis recibido al Señor Jesucristo, andad en él" (Col. 2:6). De la misma forma que obtienes y actúas en el perdón de los pecados, así mismo recibes la sanidad, la liberación, la prosperidad, y ¡todo lo demás! Si es inadecuado rogarle a Dios que salve a la dama de nuestro primer ejemplo, entonces rogarle por la sanidad o cualquier otra cosa en la vida Cristiana ¡también está totalmente mal! Cristo ya proveyó todo lo que necesitas para vivir una vida abundante a través de Su expiación. ¡No es Su responsabilidad hacer algo, (Él ya lo hizo) es tu responsabilidad recibir lo que Él ha hecho!

¡Sana al Enfermo!

A veces los Cristianos se acercan a Dios orando así: "Yo sé que puedes sanarme, pero todavía no lo has hecho. Por lo tanto, quiero aprender qué tengo que hacer para obligarte a que me sanes". ¡Ésta es incredulidad al máximo! Estos Cristianos no creen que Dios ya lo hizo; más bien piensan que pueden obligarlo a hacerlo. ¡Error! Esta clase de incredulidad explica por qué no hay más personas que estén experimentando la sanidad.

En nuestras escuelas bíblicas y seminarios bíblicos, nosotros con seguridad le enseñamos a la gente que no "ore" por los enfermos sino que los sanen. Jesús nos ordenó en Mateo 10:8 que "sanemos al enfermo, limpiemos a los leprosos, resucitemos a los muertos, [y] echemos fuera demonios". ¡Hay una gran diferencia entre sanar al enfermo y simplemente orar por él!

John G. Lake comprendió esta diferencia. Lake era un misionero evangelista con reconocimiento internacional; tenía un poderoso ministerio de sanidad con sede en Spokane, Washington. En vez de hacer todo el trabajo por su propia cuenta, él capacitó a sus socios y los llamó "ayudantes de sanidad". Cada vez que la gente pedía oración, Lake mandaba a sus ayudantes con unas botellitas de aceite y les decía: "¡No regresen hasta que sanen!"

Estos creyentes no iban simplemente a orar por los enfermos; ¡los sanaban!

Lo que más se tardó uno de esos ayudantes para sanar a alguien fueron tres semanas y media. Quizá le tomó mucho tiempo, pero ¡finalmente lo vieron que sanó! Lake declaró que ninguno de sus ayudantes regresó sin ver a su paciente sano. Se quedaban donde habían sido enviados y trabajaban con el paciente hasta que la sanidad se manifestaba.

La oración no es un medio para torcerle el brazo a Dios y obligarlo a hacer algo. ¡La oración es recibir por fe lo que Él ya hizo!

Aunque esto pueda parecerte muy extraño, éstos son resultados normales cuando comprendes y crees que Dios ya hizo Su parte. Jesucristo hizo todo lo que fue necesario para salvar y sanar a todas las personas. Tú creíste y recibiste la salvación. ¡La sanidad viene exactamente de la misma manera! No debería ser más difícil recibir tu sanidad porque Él la proveyó al mismo tiempo que proveyó el perdón de tu pecado. ¡Tampoco se requiere más fe para resucitar a alguien de los muertos que para verlo ser vuelto a nacer!

Es la Hora del Taladro

¡La mayor manifestación del poder de Dios vino cuando fuiste vuelto a nacer! Tú eras por naturaleza un hijo del diablo. Él tenía derechos legales sobre ti. Cuando eras un ciudadano del reino de las tinieblas, el enemigo tenía un derecho legítimo para dominar tu vida. Cuando recibiste la salvación, no habías estado ayunando, orando, estudiando La Palabra, asistiendo a la iglesia, pagando el diezmo, o viviendo una vida santa. Sin embargo, sin ningún esfuerzo de tu parte ¡recibiste el milagro más grande de todos los milagros! Sucedió porque tú creíste que la salvación

Mi propio hijo fue resucitado después de haber estado muerto por cinco horas.

ya era un hecho cumplido. ¿Cómo podrías dudar que Dios hará lo que Él ya hizo?

¡El evangelio es la buena nueva (de lo que Él ya hizo), no "la buena profecía" (lo que Él va a hacer)! Las "noticias" en el periódico sucedieron en el pasado. La buena "nueva" o buena noticia del evangelio es que Dios ya te ha perdonado. ¿Por qué habrías de escoger ir al infierno si tus pecados han sido perdonados? ¿Por qué no sacar ventaja de la generosa provisión del Señor? ¡Simplemente tienes que comprender que Él ya ha hecho Su parte! La pregunta correcta no es esta: "¿Te salvará Dios?" sino esta: "¿Aceptarás Su salvación?" El regalo ya ha sido dado, pero ¿lo recibirás?

¡Sucede lo mismo con todo lo demás en la vida Cristiana! Dios ya te ha sanado, liberado y prosperado. Sin embargo la mayoría de la gente ruega y suplica, con la intención de manipular y controlar a Dios a través de la oración. Su verdadero motivo es éste: "¿Cómo le hago para que Dios haga algo que no quiere hacer?" ¡Eso está totalmente mal! La oración no es un medio para torcerle el brazo a Dios y obligarlo a hacer algo. ¡La oración es recibir por fe lo que Él ya hizo!

Si el Señor tarda en venir, los creyentes dentro de cien años verán la mayoría de los conceptos que están siendo promovidos hoy en día como "intercesión" y pensarán: "¿Cómo pudieron ser tan ignorantes y primitivos?" Nadie en su sano juicio debería creer lo que popularmente se enseña como "intercesión" en el cuerpo de Cristo. ¡Es una de las áreas más grandes de engaño y esclavitud de la iglesia de hoy!

Antes de que Jesucristo enseñara lo que la oración es, reveló lo que la oración no es. Apliquemos un taladro a nuestros cimientos defectuosos y deshagámonos de ellos. ¡Solamente nos están estorbando!

CAPÍTULO 2

¿Cuánto Tiempo Oras?

Aunque mucho de lo que hoy en día llamamos "oración" ofende a Dios, ¡Él es muy capaz para tratar con esto! Nuestro Padre Celestial es lo suficientemente noble para lidiar con la inmadurez de Sus amados hijos.

Todas las enseñanzas que estoy refutando, las practiqué alguna vez. Dios me toleraba y hasta me bendecía cuando oraba de esas maneras. Él no estaba enojado conmigo, pero muchas de las que yo llamaba "oraciones" no fueron contestadas.

Cuando yo combata alguno de tus estilos de oración, por favor no pienses que estoy diciendo que Dios está enojado contigo. ¡Dios no está enojado! Dios es un Dios bueno; pero si tú eres como yo era, estás atrapado por las palabras que salen de tu boca.

Descubrí que hay maneras correctas e incorrectas de orar. Al pasar de los años, y a través de Su Palabra, el Señor cambió radicalmente mis opiniones y maneras de practicar la oración. Me da mucho gusto que lo haya hecho porque mi manera de pensar necesitaba ser cambiada.

Mantén un Corazón Receptivo

Tratar de dedicar tiempo para orar a la misma hora todos los días produjo en mí mucha frustración. En realidad me parece que nunca produjo buenos resultados.

Conforme lees este libro, mantén un corazón receptivo y tu oído atento al Espíritu Santo. Él es tu maestro y el que te guía a toda la verdad. Si algo te ofende durante la lectura no permitas que eso haga que dejes de leer el resto del libro. Si continúas aferrándote a estilos de oración que son ineficaces, ¡perderás más de lo que ganarás! De hecho tu humildad y disponibilidad para ponderar ante la presencia del Señor lo que estoy compartiendo contigo podría marcar la diferencia entre la vida y la muerte para ti o para alguien que amas. Créeme, ¡no vale la pena arriesgarse a orar equivocadamente!

No estoy diciendo que "ya llegué a la meta" en relación a la oración, pero definitivamente "ya arranqué". Con regularidad veo toda clase de milagros en mi vida y en mi ministerio. Mi propio hijo fue resucitado después de haber estado muerto por cinco horas. He visto a personas ser curadas de ceguera, de sordera, de cáncer; personas que se levantan de su silla de ruedas; y liberaciones de demonios. De la misma forma nuestro ministerio experimenta un fluir constante de la provisión de Dios para que hagamos lo que Dios nos ha llamado a hacer. No hago mención de estas cosas para condenarte o exaltarme, porque ¡toda la gloria le pertenece a nuestro Señor Jesucristo!

Sin embargo, quiero retarte para que consideres estos resultados y los compares con los resultados que tú estás obteniendo. Si no estás viendo esta clase de resultados con regularidad, ¿por qué querrías mantener patrones que son menos productivos? Evalúa con honestidad tu vida de oración cuando yo combata algunas actitudes y creencias populares. Ésta es tu oportunidad para reconocer y desarraigar estorbos que no deseas tener pero que han obstaculizado tu capacidad para ser eficaz en tu vida de oración. Recuerda, los dolores cada vez más intensos simplemente significan que estás creciendo al madurar.

Religiosidad Pública

Mas tú, cuando ores, entra en tu aposento, y cerrada la puerta, ora a tu Padre que está en secreto; y tu Padre que ve en lo secreto te recompensará en público.

Mateo 6:6

Algunas personas me han retado argumentando: "¡Nunca deberías orar en público!" Jesucristo oró en público. La historia paralela de este pasaje empieza en Lucas 11:1 cuando la oración pública de Jesucristo fue la causa de que uno de Sus discípulos dijera: "Señor, enséñanos a orar". Si el señor quiso decir literalmente que siempre ores en secreto para que nadie nunca te escuche, entonces Él quebrantó sus propias instrucciones. Aquí en Mateo 6:5-6, Jesucristo esencialmente declaró: "No seas como los hipócritas que oran para obtener la atención y el reconocimiento de la gente".

Dado que he estado en muchas iglesias, he escuchado toda clase de oración pública. Las gentes a menudo hablan en voz alta usando el español antiguo de la versión Reina-Valera o el inglés antiguo de la versión King James (según que su idioma sea el español o el inglés) pensando que este estilo es más espiritual. No estoy en contra de la versión King James de la Biblia (de hecho es mi favorita) ni en contra de la versión Reina-Valera, pero no siento que tenga que hablarle a Dios de ninguna de esas maneras para orar de verdad. He conocido personas que nunca hablan con el estilo de la Reina-Valera, excepto cuando "oran"; entonces adoptan un acento religioso y hablan con un tono de voz diferente: "Pedid y se os dará; buscad y hallaréis". ¡Eso es hipocresía!

Una Eternidad

Esto te va a sorprender, pero ¡a Dios no le gustan muchas de nuestras oraciones! Aprendí esto a golpes. En el principio cuando me entusiasmé con mi relación con el Señor, la gente me dijo que tenía que orar una hora al día. Yo pensé: "Si orar una hora es bueno, entonces ¡orar dos o tres es mucho mejor!" Así que me discipliné para orar de una a tres horas a diario. Practiqué esto por meses y años puntualmente a las 7:00 de la mañana.

Tratar de dedicar tiempo para orar a la misma hora todos los días produjo en mí mucha frustración. En realidad me parece que nunca produjo buenos resultados. Muchos creyentes han empezado un régimen de oración así no sólo una sino muchas veces. En mi caso nunca funcionó.

A mucha gente que verdaderamente ama a Dios le cuesta mucho trabajo orar de esta manera. La relación íntima que tenían con el Señor se estanca, se vuelve monótona, y pierde su vitalidad. A pesar de lo que se ha enseñado por ahí, este modelo rígido de orar por un cierto período de tiempo cada día no concuerda con La Palabra de Dios. Si estás tratando de orar de esta manera, a lo mejor la razón por la que esto no está funcionando es que el ¡Espíritu Santo está tratando te persuadirte para que cambies!

La práctica de orar con un horario estricto me ayudó a disciplinarme. No estaba pasando mi tiempo viendo la televisión o haciendo algo que fuera dañino para mi fe, pero por lo general este tiempo de oración se me hacía una eternidad.

¿Por qué Estoy Haciendo Esto?

Recuerdo cuando empezaba esos tiempos de oración. Cerraba mis ojos y empezaba a orar; a mí me parecía que estaba orando por largos períodos de tiempo. Después de un rato, me preguntaba: ¿Por cuánto tiempo he orado? Miraba mi reloj, ¡y veía que sólo habían pasado cinco minutos! Pensaba que por lo menos habían pasado treinta minutos, o quizá una hora. Después me empezaba a sentir desilusionado conforme continuaba orando: "¡Dios esta hora de oración nunca se va a terminar!"

En esa época de mi vida disfrutaba de la presencia del Señor y cosas maravillosas sucedían todos los días cuando estudiaba La Palabra y alababa al señor. Pero luego se acercaba la hora de mi tiempo de "oración". Finalmente un día cerca de las 6:45 A.M., hablé honestamente con el Señor: "Dios, no quiero darte una mala impresión. De verdad, yo te amo. No tengo ningún problema contigo, pero ya no aguanto este tiempo de oración. ¡No me gusta! ¡Siento que esta hora es la más lenta de todo el día! No quiero ser negativo, simplemente te estoy diciendo cómo son las cosas." ¡A partir de las 6:30 A.M. ya no quería ni pensar en eso!

Inmediatamente, el Señor me contestó: "¡Yo no quiero ni pensar en eso a partir de las 6:00 A.M.! ¡Me cuesta mucho trabajo aguantar esa hora!"

Inmediatamente, mi cerebrito razonó: "Si Dios no lo está disfrutando, y yo no lo estoy disfrutando, entonces ¿por qué estoy haciendo esto?" Así que dejé de orar de esa manera y mi vida espiritual mejoró en gran manera.

Jesucristo se refirió a esto mismo en Mateo 6:7:

Y orando, no uséis vanas repeticiones, como los gentiles que piensan que por su palabrería serán oídos.

¡Desde el punto de vista de Dios, orar una hora al día no tiene un valor intrínseco!

Sin Virtud

La mayoría de las personas esencialmente creen esto: "Mientras más ore, es mejor y Dios me va a contestar más. Por lo tanto, orar por períodos más largos es la solución para todo". Hermanos y hermanas, ¡no hay virtud alguna en las oraciones largas!

Por lo general Jesucristo hizo oraciones cortas. Sólo dos veces en el Nuevo Testamento Él oró toda la noche. Como estas dos ocasiones están registradas en los cuatro evangelios, tú podrías pensar que fueron ocho. En realidad, solamente fueron dos ocasiones diferentes. Por lo general el Señor no oraba por largos períodos de tiempo.

¡Cuando la oración es más corta, más grande es la fe! "Calla, enmudece" calmaron la tormenta violenta (Mr. 4:39). ¡Eso era oración! "¡Lázaro, ven fuera!" resucitó al muerto con sólo tres palabras (Jn. 11:43). Conforme entiendas la manera adecuada para orar, tus oraciones también se acortarán. Es más, un amigo mío enseña que gritar "¡¡¡AYUDA!!!" ¡Es una magnífica oración!

Cuando oro por períodos largos de tiempo, con frecuencia la mayor parte de ese tiempo la paso orando en lenguas. No es que le esté pidiendo cosas a Dios más bien estoy contribuyendo al desarrollo de mi crecimiento espiritual. Estoy orando para recibir sabiduría y revelación de parte del Señor. La edificación espiritual personal es una parte importante del propósito de la oración en el Nuevo Testamento (1Co. 14:4; Jud. 20,21).

Sin embargo, la mayoría de las personas en el cuerpo de Cristo ven a la oración principalmente como una oportunidad para pedirle cosas a Dios. Ven a la oración con un enfoque muy estrecho, pensando que ése es su tiempo para rogarle a Dios que satisfaga sus necesidades. Por supuesto que hay citas bíblicas que revelan que las acciones de pedir y recibir son un método válido de oración, pero debes reducirlo a cinco por ciento o menos de tu vida de oración. Basándome en mi relación con el Señor, creo que esto es lo mejor.

> **La oración se convierte en una actividad religiosa cuando tratas de usarla para algo que nunca fue el propósito original de Dios.**

No te Engañes a Ti Mismo

¿Qué quedaría de la vida de oración de la mayoría de los Cristianos si quitaras el tiempo que se pasan arrepintiéndose por su pecado, pidiendo cosas, y el tiempo de intercesión? ¡No quedaría casi nada! Las oraciones de la mayoría de las personas consisten en esto: "Dios mío, estoy muy arrepentido porque he fallado otra vez. Ayúdame a vencer este problema. Dios sana esto y provee lo otro". Y si son muy espirituales: "¡Haz esto y aquello por estas personas!" A esto se reducen sus oraciones.

¡Eva y Adán no oraban por ninguna de estas cosas! No había nadie por quién interceder, demonios que tuvieran que ser echados fuera, o principados que debieran derribarse. No tenían la necesidad de pedir ropa, comida, casas o trabajos—no tenían peticiones—sin embargo se reunían con Dios cuando la tarde refrescaba y tenían comunión con Él. Sus conversaciones con Dios no contenían nada con relación al pecado, la carencia, las necesidades, los problemas, el arrepentimiento, o la petición. Sin embargo ellos oraban—tenían comunión con Dios—¡todos los días!

La oración se convierte en una actividad religiosa cuando tratas de usarla para algo que nunca fue el propósito original de Dios. Por eso no tiene vida espiritual. Tú puedes prometerle a Dios: "¡Voy a orar una hora al día todos los días aunque esto me mate!" y luego hacerlo por una semana, un mes o dos. Pero nunca va a durar porque Dios no te está guiando a hacerlo de esa manera. No te engañes a ti mismo pensando que serás escuchado porque oras por períodos de tiempo largos o usas ciertas palabras para pedirle algo una y otra vez. El Señor dejó muy claro que esto no es lo que la oración es (Mt. 6:7).

¡Todo el Día!

Hace varios años una persona de otra iglesia vino a Colorado Springs para predicar. Todo su mensaje y ministerio se concentraba en exhortar a la gente a orar una hora al día usando la oración del "Padre Nuestro". Asistí a sus reuniones y recibí algunos beneficios de lo que compartió.

Luego esta persona vino a visitarme a mi oficina. Inmediatamente, me preguntó: "¿Cuánto tiempo oras cada día?" ¡Su pregunta me tomó completamente desprevenido! Nunca antes me había tomado el tiempo de calcular esto. Mientras pensaba al respecto, me pregunté: "¿Por qué quiere saber este hombre cuánto tiempo oro cada día?" Sólo pude pensar en dos razones: 1) Él quería compararse conmigo con la esperanza de ser mejor que yo (acrecentar su egocentrismo y sentirse bien consigo mismo), o 2) Quería condenarme y usar su aparente "ventaja espiritual" para de alguna forma empezar a manipularme y controlarme para que yo le respondiera favorablemente. Ésos eran los únicos beneficios que podía percibir en su pregunta.

> **Debes aprender a relacionarte con Él en medio de tus responsabilidades diarias y rutinas semanales, porque éstas ocupan la mayor parte de tu tiempo.**

Mientras pensaba qué le iba a contestar, el Señor me preguntó: "¿Cuánto tiempo pasaste con tu esposa ayer?" Le dije que habíamos pasado todo el día juntos haciendo diferentes cosas. "¿Si estuviste pasando todo el día con tu esposa Jamie, cómo podrías reducir esa convivencia a solamente pasar una hora con ella y pensar que estás mejorando tu relación con ella?" Prosiguió: "Yo estoy disponible para ti todo el día. Nunca te dejo ni te abandono. Si tú redujeras nuestra relación a simplemente una hora de oración al día, esa sería una relación de muy poca calidad en comparación con la relación que ¡ya estamos disfrutando!"

Así que, de la misma manera, valientemente le respondí a este hermano: "¿Sabes qué? ¡Me pasé todo el día con Dios orando!"

Su cara reflejó una mirada de confusión mientras tartamudeaba, "N-n-no… no entiendes lo que te quiero decir…"

"No, tú no entiendes lo que yo quiero decir. Me pasé todo el día en comunión con Dios. ¡Eso es oración!"

Una Relación Íntima Constante

¡La oración es comunión con Dios! Si Él está contigo todo el tiempo, deberías estar orando todo el tiempo. La forma de expresar esta intimidad no se limita a ciertas posturas. En la Biblia la gente se arrodillaba, levantaba las manos, a veces hasta veían al cielo, pero no conviertas estas cosas en algo religioso ni pienses que son indispensables para que algo se pueda considerar como "oración". Puedes orar con tus ojos abiertos o cerrados, con tus manos levantadas o a tus costados, de pie, arrodillado, o postrado. Como la meditación es oración (Sal. 5:1), ¡ni siquiera tienes que hablar en voz alta! Tu comunión con Dios debe ser constante.

Cuando tienes una relación cercana con alguien, hay ocasiones especiales. Mi esposa y yo no tenemos un horario que nos permita salir juntos a hacer algo especial todas las semanas; sin embargo salimos y hacemos cosas juntos constantemente. El tiempo que pasamos juntos a solas nos ayuda a cimentar la intimidad en nuestra relación matrimonial. Si no dejamos tiempo para estas ocasiones especiales, sería muy fácil el ocuparnos mucho con los afanes de la vida y ¡nunca tendríamos tiempo para nosotros!

De la misma manera, es correcto aislarte solo con Dios para tener tiempos especiales de intimidad—¡pero no todo el tiempo! Debes aprender a relacionarte con Él en medio de tus responsabilidades diarias y rutinas semanales, porque éstas ocupan la mayor parte de tu tiempo. Es totalmente irreal que los cónyuges limiten su relación solamente a esas ocasiones especiales. Jesucristo, quien es tu eterno esposo, ¡nunca cambia! No limites tu relación con Él solamente a esas "citas especiales". ¡Relaciónate y habla con Él todo el día, todos los días!

Algunas personas tratan de que su relación con el Señor sea constantemente una cosa espectacular. Piensan que deben estar gritando a todo pulmón, arrodillándose, con las manos alzadas, con lágrimas que se escurren por sus mejillas, que deben ver rayos y tormentas alrededor para poder estar en "comunión con Dios". Si eso es lo que consideras que es "la oración", ¡nunca vas a prosperar!

Una de las cosas que me dio confianza de que Jamie era la muchacha con la que debía casarme fue el hecho de que disfrutábamos estar juntos. En contraste con otras muchachas, no sentía que tenía que entretenerla o impresionarla. Podíamos pasar horas sin decir una palabra y disfrutar mucho estar juntos. Esta clase de actitud se puede aplicar a la oración.

Dios quiere que cada uno de nosotros madure hasta que podamos disfrutar simplemente pasar tiempo con Él. Él desea nuestra amistad aun cuando no estemos diciendo nada, y no esté sucediendo nada especial, excepto el estar juntos y amándonos.

Personalmente, a mí me gusta crecer en mi relación con Dios a través del estudio de Las Escrituras. Leer la Biblia es una forma de oración para mí, porque lo hago de corazón, no solamente con mi cabeza. Cuando estoy pasando tiempo con Dios, ¡me puedo pasar horas con un versículo! Conforme medito, hago preguntas, y le permito al Señor que me hable, la revelación viene. ¡Esto es oración!

CAPÍTULO 3

Ideas Equivocadas

No permitas que Satanás te moleste porque no te pasas de treinta minutos a una hora al día encerrado en un clóset destruyendo fortalezas, echando fuera demonios, gritando, dando alaridos, y cosas por el estilo. No hay necesidad de sentirnos condenados. ¡Dios no puede estar más satisfecho contigo de lo que ya está! Muchas de las cosas que tradicionalmente se enseñan sobre la oración son imposibles de implementar en la vida diaria.

¿Eres la madre de niños pequeños? ¡No estarías haciendo la voluntad de Dios si te encierras en un clóset a orar por una o dos horas al día! No es la voluntad de Dios que te separes por mucho tiempo cuando tus niños están sin supervisión. Dejar que los niños destruyan la casa y se maten entre ellos cuando tú estás por ahí "hablando con Dios" no es una actitud santa. En los tiempos que no puedes aislarte con el Señor, tú puedes orar todo el día sin cesar, en medio de todo lo que esté sucediendo. Puedes estar en constante comunión con Dios, y ¡Él está satisfecho con eso!

> **La oración no es un medio para informarle a Dios qué tan mala es tu situación. Él ya sabe lo que necesitas—¡aun antes de que lo pidas!**

La oración debe ser algo que puedes practicar en un día normal. Si puedes tener un tiempo especial a solas con el Señor, de rodillas, con los ojos cerrados sin que nada te distraiga, aprovéchalo. Simplemente recuerda que la oración no tiene que ser de esa manera para que le agrade a Dios. Tú debes ser capaz de orar cuando estás manejando por la calle (¡con los ojos abiertos, por supuesto!), trabajando, limpiando la casa, lavando la ropa, etc. ¡Sé creativo y descubre diferentes maneras de disfrutar tu relación con Dios todo el día!

¡Vete a Dormir!

Simplemente no puedes vivir la vida en el mundo real aplicando los conceptos que mucha gente enseña sobre la oración. Ellos sugieren que la persona se levante dos o tres horas más temprano que todos los demás en su casa para poder orar. Luego te llenan de entusiasmo y te mandan a tu casa con muchas historias llenas de inspiración. Si puedes hacerlo—¡excelente! Pero si tienes niños que te tienen despierto hasta las 10:00 de la noche, te despiertan dos o tres veces por noche y luego tienes que salir corriendo para irte a trabajar a las 5:00 de la mañana, no vas a poder levantarte tan temprano para orar, ¡y Dios tampoco quiere que lo hagas! *"Por demás es que os levantéis de madrugada, y vayáis tarde a reposar…pues que a Su amado dará Dios el sueño"* (Sal. 127:2).

Cuando empecé a buscar al Señor, tenía un deseo muy fuerte de servirle. Me dijeron que tenía que desvelarme o levantarme muy temprano por la mañana para orar. Recuerdo cuando me desvelaba tratando de orar. ¡Me ganaba el sueño y luego me sentía muy condenado por eso!

Una vez, después de despertar de rodillas a la medianoche sintiendo esta condenación, oré: "¡Dios mío, cuánto lo siento!

¿Qué puedo hacer para evitar que me gane el sueño cuando estoy orando?"

Él me contestó: "Vete a la cama y duerme bien. ¡Luego puedes orar sin quedarte dormido!"

Hoy en día, si me duermo cuando estoy estudiando La Palabra, simplemente ¡me tomo una siesta! Después de descansar, continúo haciendo lo que estaba haciendo antes, y todo está bien.

Lo que estoy comunicando está destruyendo algunas ideas y modelos populares de oración. Debemos reconocer lo siguiente: ¡Dios no está satisfecho con toda nuestra calistenia religiosa! De veras, eso es lo que son esas ideas y modelos. Muchos Cristianos son como los hipócritas a los que Jesús se refirió. Oran para recibir reconocimiento de otros. Oran para tranquilizar su conciencia, pensando que cuando cumplen con su obligación religiosa, eso obliga a Dios a "actuar" y a que les dé lo que quieren. Dios no trabaja de esa manera, y ¡Él no está impresionado con la cantidad de tiempo que te pasas en oración!

Dios Ya Lo Sabe

*"No os hagáis, pues, semejantes a ellos **[los paganos que usan vanas repeticiones y oraciones prolongadas; v.7]**; porque vuestro Padre sabe de qué cosas tenéis necesidad, antes que vosotros le pidáis"*
(Mateo 6:8; los corchetes son míos).

La oración no es un medio para informarle a Dios qué tan mala es tu situación. Él ya sabe lo que necesitas—¡aun antes de que lo pidas!

¿Alguna vez has orado así: "Dios mío, el doctor dijo…" y luego continuando con una explicación detallada de tu diagnóstico? ¡Dios comprende la situación mejor que tú! Él no necesita saber lo que tu jefe, tu cónyuge, o el banquero—o cualquier otra persona—ha dicho al respecto. ¡Simplemente no es necesario o benéfico darle a Dios una descripción detallada de tu problema!

Muchos Cristianos se imaginan un escritorio enorme en el cielo con montones formados con los millones de las oraciones que Dios tiene que responder. Deducen que Él está muy ocupado y que posiblemente se tarde meses para contestar su oración. Por lo tanto, asumen la responsabilidad de informarle a Dios de lo urgente de la situación y oran: "¡Tienes que procesar esta rápido!" Tienen la esperanza de que entonces Él pondrá su petición encima de todas las demás y le pondrá un sello que diga "Aprobada". Esta imagen mental y las actitudes que le corresponden están totalmente equivocadas. Dios no está empapelado, retrasado en sus asuntos por meses o sin darse cuenta de la urgencia de tu problema. La oración no es un medio para informarle al "pobrecito y desinformado Dios" ¡de lo terrible de tu situación!

Orar por la solución de Dios con base en La Palabra libera la vida; pero orar de una manera negativa y enfocándote en tus problemas sólo les da energía y los fortalece.

Debido a que la mayoría de la gente ignora esto, es que los problemas, lo que necesitan, y la urgencia de sus situaciones ¡ocupan el mayor porcentaje de su tiempo de oración! Si de las oraciones de las personas quitáramos el tiempo invertido en hablarle a Dios sobre los problemas y lo grave que éstos son, no quedaría casi nada.

"¡Dios mío, mi esposo me golpea, abusa de nuestros hijos, y hasta patea al perro. Se gasta nuestro dinero tomando, en los juegos de azar, y comprando revistas pornográficas. Él es un réprobo!"

Le dicen a Dios lo malo que es su esposo por cuarenta y cinco minutos antes de terminar su oración así… "pero creo que lo vas a salvar, en el nombre de Jesús". Cinco segundos en fe y cuarenta y cinco minutos en incredulidad repitiendo el problema. Luego me preguntan: "¿Por qué estoy desanimada?" Ésa no es una oración alentadora. Por eso yo le aconsejo a la mayoría de las mujeres que dejen de orar por sus esposos.

La Vida y la Muerte

La muerte y la vida están en el poder de la lengua.

Proverbios 18:21

Aun en la "oración", tus palabras producen vida o muerte. Orar por la solución de Dios con base en La Palabra libera la vida; pero orar de una manera negativa y enfocándote en tus problemas sólo les da energía y los fortalece—¡ya sea que te des cuenta o no!

En una ocasión el Señor interrumpió a Charles Capps cuando éste estaba orando:

"¿Charles, qué estás haciendo?"

"¡Estoy orando!"

"¡No, no es cierto. Te estás quejando!"

Mucha gente que piensa que está orando en realidad está quejándose y murmurando. Están soltando el poder de la muerte sobre sus vidas a través de su negativismo en la oración ¡Dios no está satisfecho con eso!

¡La oración se ha convertido en un acto tan religioso! Tenemos que reconocer sin prejuicio estas actitudes y maneras de actuar hipócritas. Después de que aclaremos todo lo que no es la oración, seremos capaces de establecer un fundamento firme para establecer qué es la oración. Insisto, estoy hablando principalmente con base en mi propia experiencia. No voy a criticar nada que yo no haya hecho.

Dwight Lyman Moody (1837-1899)

Yo acostumbraba organizar vigilias de oración de toda la noche. Después de reunir a la gente intercedíamos con todo nuestro corazón mientras el sol se ocultaba. Sin embargo, yo terminaba quedándome a solas y despierto toda la noche, porque todos los demás siempre se iban cerca de las 10:00 o las 11:00 P.M.

¡He orado por toda la noche muchas veces! Como soldado en Vietnam, oraba cuatro horas todas las noches durante trece meses. ¡Cuatro horas! Esto fue antes de que hablara en lenguas. ¡Tú puedes orar por todo el mundo en treinta minutos si no hablas en lenguas! Orar por cuatro horas no era fácil, pero me obligaba a hacerlo.

Yo he hecho todas estas cosas que ahora estoy enfrentando. Ahora no estoy haciendo nada de eso y estoy obteniendo mejores resultados que nunca. Amo más a Dios y Él me ama a mí; ¡tenemos una excelente relación! Él no está molesto para nada porque ya no esté yo haciendo ninguna de esas cosas. Puedes sentir la tentación en tu corazón de condenarme, pero mientras no empieces a obtener mejores resultados, tal vez deberías considerar hacer estos cambios.

Dwight L. Moody empezó como un pobre vendedor de

zapatos que enseñaba en la escuela dominical a los niños. ¡Ni siquiera cursó el tercer grado de educación primaria! Al pasar el tiempo, la pasión y el éxito legendario de Moody para evangelizar a otros le abrió la puerta para predicar en todos los continentes y ante miembros de la realeza como la reina de Inglaterra.

> **Una oración del Nuevo Pacto se debe orar en el nombre de Jesucristo.**

Cientos y miles de personas fueron vueltos a nacer a través de su ministerio. ¡Él era un hombre de Dios poderoso!

Moody vivió una vida disciplinada; eso lo capacitó para lograr gran parte de lo que hizo. Él dedicaba cuarenta y cinco minutos a la oración y el estudio de la Biblia, de las 12:00 a las 12:45 P.M. todos los días. Eso era todo, porque el resto del tiempo él andaba ministrando y viajando de varias formas. De acuerdo a los modelos contemporáneos de oración que hoy se enseñan en el cuerpo de Cristo, se pensaría que es imposible que Moody fuera tan efectivo. Sin embargo lo era. Cien años después, él continúa impactando al mundo a través de la escuela bíblica Moody en Chicago y con otra escuela en Nueva Escocia. ¡Este hombre hizo más de lo que muchos de nosotros ni siquiera nos hemos imaginado!

¡Tenemos unas ideas muy equivocadas en relación a lo que la oración es!

CAPÍTULO 4

Padre Nuestro...

Vosotros, pues oraréis así.

Mateo 6:9

No fue la intención de Jesucristo que lo que tradicionalmente llamamos "El Padre Nuestro" se recitara palabra por palabra de la forma como se ha hecho en la iglesia (Mt. 6:9-13). Estrictamente hablando, ni siquiera es una oración aplicable al Nuevo Pacto. Podría sorprenderte escuchar eso, pero fíjate que esta oración no se reza en el nombre de Jesús. Justo antes de morir, el Señor dijo: "Hasta ahora, nada habéis pedido en mi nombre; pedid y recibiréis, para que vuestro gozo sea cumplido. Todo cuanto pidiereis al Padre en mi nombre os lo dará" (Jn.16:23,24). Una oración del Nuevo Pacto se debe orar en el nombre de Jesucristo.

El Señor nos estaba dando un modelo para orar, ¡no algo que debemos repetir! Si estás recitando las palabras "Padre Nuestro que estás en el cielo..." y diciendo "El Padre Nuestro", simplemente estás tranquilizando tu conciencia (Mt. 6:9). Te estás sintiendo así: "¡Verdaderamente estoy cumpliendo con mi responsabilidad religiosa!" y eso es todo lo que estás obteniendo, porque el mero hecho de hablar estas palabras no te gana nada para con Dios. Esto simplemente son las vanas repeticiones que Él combatió en Mateo 6:7.

Entra con Acción de Gracias

Jesucristo estaba comunicando principios bíblicos a través de este modelo de oración.

> *Entrad por sus puertas con acción de gracias, por sus atrios con alabanza; Alabadle bendecid su nombre.*
>
> Salmo 100:4

Así es como se supone que debes empezar tu oración, entrando a Su presencia con agradecimiento, alabándolo y bendiciéndolo. Es exactamente lo que Jesús nos dijo que hiciéramos en Mateo 6:9: "Padre Nuestro que estás en los cielos, santificado sea tu nombre".

Empieza tu oración reconociendo tu relación especial con tu Padre Celestial. No te dirijas a Él simplemente como "Dios", "Juez", o "Creador"; eso es impersonal y te aleja de Él. Cada creyente del Nuevo Testamento tiene una relación íntima, cercana con Dios que sobrepasa lo que los santos del Antiguo Testamento tuvieron. ¿No es maravilloso?

Ven a Su presencia alabándolo y adorándolo. Reconoce la gloria que merece Su nombre, ¡Él es tu Padre celestial! Dale gracias por esta relación especial. Acuérdate de Su bondad y misericordia, y que Él no está enojado contigo. Aunque hayas fallado otra vez, Él no te está condenando. Dios está satisfecho contigo y te ama profundamente. Conforme entres a Su presencia recuerda: ¡Él es tu Padre!

¿Qué pensarías si vieras a un niño dirigirse a su padre y que empezara diciendo: "Sé que no he hablado contigo todo el día, por supuesto, debes estar muy molesto conmigo otra vez. Perdóname otra vez..." y después continuara rogándole por su misericordia?

Pensarías, ¡ése no es un buen padre! ¡Él ha hecho que sus hijos sientan temor de acercarse a él si ellos no han hecho todo bien! Piensan que si no le han hablado a su padre durante el día que él va a estar enojado con ellos.

> **En vez de enfocarte en tu carencia de valor, agradécele Su bondad.**

Cada uno de nosotros ha sido culpable de entrar a la presencia de nuestro Padre con sentimientos de baja autoestima, diciendo: "Dios, no he orado. No estoy amando a otros como debería. No hice esto o aquello". Nos acercamos preocupados, y dominados por nuestros propios fracasos en vez de acercarnos pensando en Su bondad. A nuestro Padre no le gusta que Sus hijos se dirijan a Él de esa forma. ¡Si sientes que no vales nada, entonces alábalo por el hecho de que Él ama a alguien sin valor como tú! En vez de enfocarte en tu carencia de valor, agradécele Su bondad.

"¡Actúa Como Si Yo te Amara!"

"Honey" era una perra guardián muy grande que dejé con mi mamá cuando me fui a Vietnam. La llamábamos Honey porque era de un hermoso color miel. Cuando alguien caminaba cerca de la casa, Honey ladraba, corría y saltaba sobre la cerca (que en una parte casi se deshacía porque ella hacía esto constantemente). ¡Parecía una perra feroz y aterrorizaba a mucha gente!

Sin embargo, la fiereza de Honey se esfumaba fácilmente si abrías la reja de atrás. Inmediatamente se movía fuera de tu camino. Los dueños anteriores de Honey la habían golpeado con una cadena cuando era una cachorra. Aunque se veía feroz, en realidad era muy tímida. Cuando ella se acercaba a mí, como a una distancia de tres metros se detenía, se echaba de costado y luego corría con titubeos el resto del camino hasta llegar a mí. Honey

Ahora puedes acercarte a Él sin temor con base en lo que Cristo ha hecho. A Dios le da gusto escucharte.

quería que la acariciara, pero constantemente tenía temor de que la pudiera golpear.

Un día yo estaba meditando precisamente en estos versos de Mateo 6 y del Salmo 100. Recuerdo que salí a mi patio trasero y me senté en los escalones. Mi perra Honey vino corriendo hacia mí. Cuando se acercó a unos metros de distancia del lugar donde yo estaba sentado, se echó de costado y empezó a gemir. Para entonces ya me había cansado de su show, así que me levanté y ¡la puse en su lugar! Grité: "¡Honey, por única vez me gustaría que vinieras a mí un día como una perra normal. Todos los que te ven piensan que te golpeo! Creen que soy un dueño malvado. ¡Me avergüenzo cuando la gente observa cómo actúas conmigo!"

Entonces el Señor le habló a mi corazón y dijo: "Hijo, así es como me siento con respecto a ti. Aunque fuera sólo por una vez me gustaría que vinieras a Mí diciendo '¡Papa! ¡Padre!' y no que hables de lo malo que eres o de por qué no mereces mi bondad y misericordia. ¡Aunque fuera sólo por una vez me gustaría que vinieras ante Mí y que actuaras como si te amara!"

Sin Temor del Padre

Esto es de lo que Jesucristo estaba hablando en Mateo 6:9. Entra por Sus puertas con acción de gracias. Alábalo orando así: "¡Padre, gracias porque eres mi Padre!" No esperarías que un padre terrenal tratara a su hijo tan mal como esperamos que nuestro Padre celestial nos trate. Si un niño se acercara a sus padres de la forma como la religión nos enseña que nos acerquemos a Dios, ¡esos padres serían acusados de abuso de menores!

La gente que no pertenece a la iglesia escucha cómo hablamos del Señor: "Dios mandó los ataques terroristas del 11 de Septiembre. Él le está abriendo juicio a América y necesitamos orar para pedirle que tenga misericordia. El Señor va a destruir totalmente a nuestra impía nación si ahora mismo no nos arrodillamos y rogamos por su perdón". Con razón las personas no están viniendo a Dios. ¡Ésa no es una representación correcta de quién es Él!

¡Dios no está enojado contigo! No importa lo mal que estás. Él puso toda Su cólera en Su propio Hijo hace dos mil años en la cruz. Jesucristo proclamó: "¡Consumado es!" (Jn. 19:30). Ahora puedes acercarte a Él sin temor con base en lo que Cristo ha hecho. A Dios le da gusto escucharte. Él no va a regañarte. ¡Dios no es así!

Anímate y entra por Sus puertas con acción de gracias y alabanza. Agradécele por el hecho de que Él es santo y amable, puro y bueno. ¡Adóralo porque es tu Padre y no tu Juez! Él será el Juez de los incrédulos, pero Él no te va a juzgar a ti. Tu juicio fue puesto sobre Jesucristo. Cuando estés enfrente de Él en aquel día como un creyente de Cristo, será para la entrega de tu recompensa eterna, no para tu condenación. ¡Simplemente no hay necesidad de tener temor de tu amoroso Padre celestial!

Manifestando el Cielo en la Tierra

Venga tu reino. Hágase tu voluntad, como en el cielo, así también en la tierra.

Mateo 6:10

Jesucristo continuó alabando a Dios, diciendo: "Padre, Yo sé que es Tu voluntad que las cosas se hagan en la tierra como se hacen en el cielo". En el cielo, no hay enfermedad. ¡Por lo tanto no es la voluntad de Dios que estés enfermo! No hay pobreza en

Él desea que todos los creyentes estén tan familiarizados con Su amor que al acercarnos a Él lo hagamos confiadamente.

el cielo. ¡Así que no es la voluntad de Dios que estés pobre aquí en la tierra! En la presencia del Señor hay un gozo abundante, exclamaciones de adoración, canto, alabanza, y adoración. Así es el cielo, y ¡así quiere Dios que sea aquí en la tierra!

¡La religión nos ha hecho caer en un embuste! Nos ha enseñado que siempre debemos tener la expectativa de que Dios está enojado. Nos ha convencido de que constantemente debemos tratar de apaciguar a un Dios que está enojado. ¡Erróneo, erróneo, erróneo! Así no es como el Padre quiere que esto sea. Si los cristianos verdaderamente comprendieran estas cosas del modelo de oración, dejarían de creer que Dios es el que trae cosas malas a nuestras vidas para enseñarnos algo. Dios no es el que enferma a la gente. Él no trae pobreza a tu vida. Él no hizo que tu matrimonio fallara para castigarte por no servir a Dios. Dios no mató a tu hijo para castigarte por no leer la Biblia. La religión enseña esa basura. ¡Con razón no estamos obteniendo mejores resultados a través de la oración!

¡Dios quiere que Su voluntad se haga en la tierra como en el cielo! Ésta debería ser la pauta de lo que esperamos de Él. Deberíamos orar que lo que ya nos está esperando en el cielo empezara a manifestarse aquí en nuestras vidas en la tierra. ¡La vida eterna ya ha empezado!

¡Aprópiatelo!

El pan nuestro de cada día, dánoslo hoy.
Mateo 6:11

Fíjate que el verso 11 no es una pregunta, porque no hay un signo de interrogación al final. No dice: "Dios mío, sé que no lo merezco, pero por favor ¿podrías darme unas migajas para que hoy no me muera de hambre ni perezca?" ¡No! Es un requisito: "¡El pan nuestro de cada día dánoslo hoy!" No es una petición arrogante en el tenor de: "¡Dios te estoy obligando a esto!" Es como un niño pequeño que entra a la cocina a la hora del almuerzo, y dice, "¡Mamá, quiero algo de comer!" ¿Le das una cachetada y le dices, "¡Ruégame!"? ¡No! Proveer alimentos simplemente es parte de las relaciones familiares. Los niños esperan que la mamá y el papá satisfagan sus necesidades. Actúan audazmente por la familiaridad que tienen con el amor de sus padres.

Así quiere Dios que seamos con Él. Él desea que todos los creyentes estén tan familiarizados con Su amor que al acercarnos a Él lo hagamos confiadamente (He. 4:16). Él anhela que Sus hijos crean que toda la provisión que necesitan ya ha sido hecha. Sólo tienen que alcanzarla con fe y tomarla. "¡Padre, gracias! ¡Recibo mi sanidad. Recibo mi prosperidad. Te amo Padre!" No estás haciendo que Dios haga algo. Simplemente sabes en tu corazón que Él ya proveyó, así que lo alcanzas y lo tomas.

No hay muchos Cristianos que se acerquen a Dios de esta manera. Venimos ante Él más bien como mendigos que como hijos. Deberíamos orar: "¡Padre, te agradezco que Tú ya has proveído todo lo que necesito. Tú nunca me niegas nada que sea bueno!" En cambio venimos ante Él sintiendo

Jesucristo ya nos ha liberado del reino de las tinieblas y nos trasladó al reino de luz.

que en realidad Dios no quiere actuar en nuestra vida. Por lo tanto le rogamos y le suplicamos para obligarlo a que actúe a nuestro favor. ¡Esta actitud es detestable! Es una esclavitud religiosa, no la verdadera oración. Esto no le gusta a Dios y a ti no te bendice. ¡Desecha esas actitudes y empieza de nuevo!

"¡El pan nuestro de cada día, dánoslo hoy!" Simplemente toma ventaja de lo que Él ya ha hecho. ¡Aprópiatelo!

Perdonado y Liberado

Y perdónanos nuestras deudas, como nosotros también perdonamos a nuestros deudores. Y no nos metas en tentación.

Mateo 6:12,13

Es obvio que ésta no es una oración aplicable al Nuevo Pacto.[1] Tus pecados ya han sido perdonados. No tienes que seguir confesándolos y orando: "Perdona nuestros pecados, perdona nuestros pecados". Cuando creíste y recibiste al Señor todos tus pecados—pasados, presentes y futuros fueron—perdonados.

No tienes que orar así: "Dios mío, no me metas en tentación". ¡Por supuesto que Él no lo hará! ¿Qué Padre amoroso lo haría? Jesús habló de estas cosas en Mateo 6 antes de la pasión y de Su resurrección. Él fue llevado a la tentación en nuestro lugar y venció al diablo. (Mt. 4:1-11). Si estás siendo llevado a la tentación, puedes estar seguro que no es Dios el que te está tentando (Stg. 1:13,14). A la luz de esta verdad puedes orar, "Padre, yo sé que no es tu voluntad que yo sea tentado". ¡Así sí!

...mas líbranos del mal; porque tuyo es el reino, el poder, y la gloria, por todos los siglos. Amén.

Mateo 6:13

A través de la fe en Cristo, pasamos de un reino a otro. Jesucristo ya nos ha liberado del reino de las tinieblas y nos trasladó al reino de luz. El maligno perdió totalmente su derecho sobre nosotros, y ahora pertenecemos a nuestro amoroso Padre Celestial. Por esto lo alabamos. ¡Aleluya!

Frente a lo que Dios es, realmente no hay nada que sea un gran problema.

[1] El Nuevo Pacto entró en vigor después de la muerte, la resurrección y la ascensión de Jesucristo.

CAPÍTULO 5

¡Haz un Sándwich de Oración!

El modelo de oración de Cristo empezaba con alabanza: "Padre nuestro que estás en los cielos, Santificado sea tu nombre…" y terminaba con alabanza: "…porque tuyo es el reino, el poder, y la gloria, por todos los siglos. Amén" (Mt. 6:9,13). Me gusta llamar a esto la "Técnica del Sándwich". Empieza tu oración dándole las gracias, alabándolo, y declarando lo grandioso que Él es. Luego, pon tu petición y termina alabándolo un poco más. Cuando te acerques a Dios y pongas tu petición entre dos buenas rebanadas de alabanza y agradecimiento, te darás cuenta que en realidad no tienes mucho que pedirle.

"¡Dios mío, el doctor me dijo que voy a morir! Recuerdo que esta misma enfermedad mató a la tía Susana. ¡Es terrible!" Esa clase de "oración" solamente te desanima, porque fomenta el temor y la depresión. ¿Qué pasaría si oraras así?: "Padre, gracias que Tu nombre está por encima de todo nombre. El cáncer tiene un nombre, el sida tiene un nombre. Estas cosas que el doctor me dijo que tengo en mi cuerpo tienen nombres. ¡Pero Tú estás por encima de todos ellos!" Pásate otros cinco o diez minutos simplemente alabándolo por su grandeza; luego cuando estés listo para presentar tu petición, será algo así: "Padre, esto es muy pequeño en comparación con lo que eres capaz de hacer. Ni siquiera tengo que pedir, sin embargo el doctor dijo que voy a morir. ¡Así que como Jesucristo ya ha proveído mi salud,

La oración es adoración y la adoración es oración. La oración es besar la cara de nuestro Padre. La oración es amar a Dios y comunicarnos con Él.

simplemente la recibo!" Luego vuelve a alabarlo y a adorarlo. Frente a lo que Dios es, realmente no hay nada que sea un gran problema.

Mucha gente ora: "Juez nuestro, que estás en los cielos. Estás tan lejos. Dios mío, voy a morir…" , luego se pasa cuarenta y cinco minutos hablando de lo que el doctor dijo para terminar así, "…sáname en el nombre de Jesús, si es Tu voluntad" y se preguntan por qué están deprimidos. ¡Ésa es una oración deprimente e ineficaz! El único que va a contestar esa clase de oración es el diablo.

Alabanza

Aquello en lo que te enfoques se ampliará ante tus ojos. Enfócate en el problema y éste crecerá. Enfócate en Dios (quién es tu solución) y tu perspectiva de Él se ampliará. Por esta razón el enfoque de tu oración es muy importante. ¿Vas a escoger exaltar a Dios o a tu problema? Lo que tú exaltes se fortalecerá en tu vida y lo otro se debilitará.

¡Gran parte de la oración debe ser la alabanza! La alabanza es importante porque bendice a Dios y te fortalece a ti. El Señor habita en las alabanzas de Su gente. (Sal. 22:3). ¡Ésa es la razón primordial por la que los servicios de las iglesias generalmente empiezan con adoración y alabanza!

Una de las palabras empleadas en el lenguaje original de la Biblia para expresar la idea de oración, literalmente significa "adoración"; otra significa "besar la cara". La oración es adoración y la adoración es oración. La oración es besar la cara de nuestro Padre. La oración es amar a Dios y comunicarnos con Él.

Hermanos y hermanas, la mayor parte de lo que estamos haciendo no es oración. Son quejas y lamentos; es hacer cosas para sentirnos mejor, sentir que hemos ganado algo de parte de Dios. "¡Ahora sí, Dios me va a escuchar porque oré por una hora!" "¡Error!" Alargar la oración no trae ningún beneficio. Simplemente es religión.

Si empiezas a acercarte a Dios con una actitud diferente, eso hará una gran diferencia en tu vida. Dios quiere liberarte de los yugos religiosos que te han impuesto. Él no te los impuso. Otras personas te los impusieron. O, a lo mejor te los impusiste tú mismo; de cualquier forma, ¡Dios quiere liberarte porque Él no es así!

Dios es una Persona

¿Quieres destruir a tu familia? Aquí te doy una fórmula eficiente para hacerlo. Establece una "hora especial de convivencia" de las 7:00 a las 8:00 P.M. todas las noches. Establécelo como algo obligatorio, todo se debe someter a esta norma. Durante esa hora todas las noches tu familia va a "convivir". Cuando llegue la hora, a lo mejor los niños están hablando por teléfono o jugando en el patio trasero. Posiblemente la mamá esté terminando de lavar los platos. El papá posiblemente esté abriendo el correo electrónico. Pero cuando la campana del reloj empiece a sonar a las 7:00 en punto, ¡todos los miembros de la familia deben

Una relación íntima debe desarrollarse a través del tiempo, ya sea con Dios o con cualquier otra persona.

¡Dios ama la fe! Él quiere que le respondas por fe.

estar presentes y pasar lista en la sala! Entonces empiezas a contar: "¡¡¡1, 2, 3, A CONVIVIR!!!"¡Arruinarás a tu familia si haces eso!

Es una buena idea apartar tiempo para hacer cosas con la familia, pero cuando eres rígido y legalista con un horario fijo, simplemente al pasar el tiempo se pierde el entusiasmo. A la gente le gusta la variedad y la espontaneidad. Por supuesto debes pasar tiempo con alguien para tener una buena relación, pero tienes que ser un poco más creativo. Debes hacer cosas con tu familia porque quieres, no porque te sientes obligado. En el momento en que empiezas a ordenar: "¡Tienes que hacer esto!" algo surge en el interior de las personas que dice: "¡No quiero hacerlo!"

Dios es una persona. Él no disfruta cuando vienes ante Él por obligación. Cuando vienes así, el Señor dice: "¡Regrésate a ver la televisión. Prefiero que hagas eso a que te pases una hora conmigo quejándote!" Como cualquier otra persona, ¡Dios prefiere que pases tiempo con Él porque lo deseas!

Se requiere tiempo para establecer una relación íntima con el Señor. Donde quiera que voy, conozco gente que de alguna manera han sido beneficiados por mi ministerio. Valoran lo que el Señor ha hecho a través de mí, así que tratan de hacerse mis mejores amigos en diez minutos. Quieren que les abra mi corazón y que les diga cuáles son mis "necesidades" para que puedan "orar" por mí. Esto puede tener la apariencia de que es algo espiritual, pero casi siempre lo que quieren es meterse en mis asuntos personales. "¡No puedes convertirte en mi mejor amigo en sólo diez minutos!" ¡La verdadera amistad no funciona de esa manera! No puede ser ni impuesta ni reclamada. Una relación íntima debe desarrollarse a través del tiempo, ya sea con Dios o con cualquier otra persona.

Dios es Delicado

Tampoco trates de mantener una relación muy intensa con Dios. ¡Algunas gentes piensan que necesitan un rayo del cielo para poder rizarse el cabello en la mañana! Si eso es lo que le pides a Dios hoy, ¿qué necesitarías para "sentir" Su amor mañana? Si Dios no hiciera algo de mayor impacto, te preguntarías: "¿Qué sucedió Señor? Ayer me electrizaste, pero hoy ¡no siento nada! ¿Por qué ya no me amas?" Él tendría que hacer un nuevo show cada día nada más para mantenerte satisfecho. Esto es lo peor que te podría suceder. En vez de madurar en la intimidad de tu relación con Él, te convertirías en un adicto a las experiencias espectaculares. ¡Dios no va a hacer eso!

Al Señor le gusta usar maneras delicadas para revelarse. Jesucristo pudo haberse manifestado de una manera mucho más "gloriosa" cuando vino a la tierra. Pudo haber viajado en un cometa y aterrizado en el techo del Templo a la media noche. ¡Un terremoto pudo haber tirado a todos de sus camas en la ciudad de Jerusalén para que vieran la llegada espectacular de la Luz del Mundo! En lugar de eso el Rey de reyes llegó a un humilde establo. El pesebre de los animales fue usado como Su primera cama. Los ángeles no le cantaron el anuncio celestial de Su nacimiento a la familia real en un palacio. Los ángeles dieron una serenata a unos pocos humildes pastores en los campos de las afueras del pueblo. Inclusive Jesucristo se describió a Sí mismo como "manso y humilde de corazón" (Mat. 11:29). El Señor no es espectacular.

Si yo hubiera sido el resucitado, no me le habría aparecido primero a María Magdalena y al grupo de discípulos andrajosos. ¡De ninguna manera! Me habría ido directo a la casa de Pilato y habría sacudido la cabecera de su cama, preguntando: "¿ya están limpias tus manos?" Habría visitado a los soldados que me habían vendado los ojos, escupido, golpeado, y se habían burlado de mí, exigiendo: "¡Profetiza si tú eres el Cristo!" Habría atravesado las paredes de sus cuarteles, y habría dicho: "¿Oigan muchachos, les gustaría que les dijera algo ahora?" Para maximizar el efecto, habría volado por encima de Jerusalén para que todos los que me vieron crucificado me pudieran ver resucitado de entre los muertos. Había cientos de miles de personas en el pueblo por la Pascua. Se habrían postrado en adoración—pero Jesucristo no hizo eso. De hecho Las Escrituras revelan con claridad que después de la resurrección nunca se le apareció a alguien que con anterioridad no hubiera creído en Él. ¡Simplemente así es Dios!

¡Dios ama la fe! Él quiere que le respondas por fe. Por supuesto Dios puede hablarte con una voz audible. Prefiere no hacerlo con frecuencia porque le da más placer cuando escuchas y respondes a Su voz silenciosa y delicada. Dios podría hacer que un pájaro se parara en tu hombro y te dijera todo lo que necesitas saber. Con facilidad podría ordenarle a todos los perros que pasen cerca de ti que ladraran: "¡Dios te ama!" Hasta podría escribir instrucciones para tu día usando las nubes, ¡pero ésa no es Su naturaleza!

Una Relación Más Allá del Aposento

No tienes que estar en un estado de éxtasis emocional para poder "orar". Si sientes que debes llorar y gemir, y pasar por trabajos de parto cada vez que hablas con Dios, entonces eres como el cónyuge que quiere vivir su vida con un nivel de intimidad que incluye tener relaciones íntimas con su cónyuge cada momento de cada día. ¡Es una expectativa irreal! Eso no sucede en la vida real. Ésta no es la manera de hacer que una relación perdure. Es una parte importante, pero solamente una parte pequeña de la relación.

Una vez escuché a una psicóloga hablar sobre el tema de las relaciones sanas. Lo que ella compartió fue una gran bendición para mí. En esa ocasión me habían invitado a ser uno de los oradores en una reunión estatal de los centros del embarazo no deseado. Aunque ya no participo en el comité directivo, por un tiempo ayudé a fundar, establecer y organizar el Centro del Embarazo de Colorado Springs. ¡Desde entonces éste ha crecido mucho y ha tenido un impacto positivo en nuestra comunidad!

> **Simplemente tienes que aprender a tener relación con Dios en medio de tu vida cotidiana.**

Esa psicóloga habló de por qué a la gente hoy en día les cuesta tanto trabajo mantener la relación matrimonial. Ella describió diez etapas diferentes para mejorar la relación entre el esposo y la esposa, cada una de las cuales tiene un propósito. Estas etapas incluyen aprender a hablar en diferentes niveles, tomarse de las manos, escuchar, abrazarse, etc. Cada etapa fortalece la relación hasta llegar a la "cima": la culminación del aspecto físico en la relación marital. Como el sexo se ha promovido intensamente en nuestra sociedad, la gente tiende a saltarse estas otras etapas importantes pensando que la "intimidad" se reduce a las relaciones sexuales. ¡No se dan cuenta que simplemente no pueden tener relaciones sexuales todo el día, todos los días! Por lo tanto muchos matrimonios fallan al paso del tiempo, porque la pareja no estableció los otros niveles para fortalecer la intimidad de la relación. ¡Un matrimonio no puede durar si el sexo es lo único que lo sostiene!

Es lo mismo en nuestra relación con Dios. Para la novia de Cristo (la iglesia), hay tiempos especiales de intimidad (y gracias a Dios por eso) ¡pero no puedes circunscribir toda tu relación a los aposentos reales!

He tenido unas experiencias sobrenaturales increíbles con Dios, pero no hablo mucho de eso en público. He estado en el espíritu en otras dimensiones por largos períodos de tiempo.

Dios ha hecho unas cosas maravillosas en mi vida. Sin embargo, si comparto más sobre estas experiencias, la gente trataría de hacer doctrinas de eso. Estas experiencias sucedieron a través de varios años. De hecho probablemente han pasado diez años desde que tuve una de esas experiencias sobrenaturales arrolladoras.

"¡Andrew, es una tristeza que tu relación con Dios se haya enfriado tanto!" ¿Enfriado? ¡Ni lo digas! ¡Mi relación con Dios es más fuerte y más íntima que nunca! Estoy creciendo y madurando. ¡Debemos aprender a disfrutar nuestra relación con Dios!

No te lo Pierdas

Recientemente me pasé todo un fin de semana en casa, es algo especial para mí que no sucede a menudo. Me pasé mucho tiempo caminando por mi propiedad alabando a Dios por todas las diferentes clases de flores con las que nos ha bendecido. ¡Le dije lo hermosas que son! Dios se complace con eso. También le agradecí por las temperaturas tan agradables que hemos experimentado. ¡Nunca ha estado todo tan verde!

La razón por que eso es una gran bendición para mí es porque los incendios forestales nos obligaron a dejar nuestra casa en las montañas el verano pasado. Aunque nos evacuaron por dos semanas y media de nuestra casa, el Señor tuvo la precaución de que el fuego se detuviera a un kilómetro de distancia. Como mi casa está sobre una cresta montañosa, el incendio ni siquiera afecto la vista panorámica desde mi casa. ¡Gloria a Dios!

Simplemente tienes que aprender a tener relación con Dios en medio de tu vida cotidiana. ¿Sabes cómo apreciarlo en las cosas pequeñas? Perfecto, ésa es la manera de establecer una buena relación con Dios. ¿Estás siempre tratando de hacer algo grandioso para fortalecer tu relación con Él? ¡No puedes sostener tu relación de esa manera! Eva y Adán caminaron con Dios en el fresco de la tarde en el jardín. Estoy seguro que sus conversaciones eran algo así: "Padre, hoy vi una flor que nunca antes había visto. ¡Hiciste una obra formidable al crear esa flor!" Eso es oración. Es comunión con Dios. ¡No te pierdas la oportunidad de tener una buena relación con Dios por hacer tu relación con Él algo demasiado intenso!

CAPÍTULO 6

Rogándole a Dios

Aconteció que estaba Jesús orando en un lugar, y cuando terminó, uno de sus discípulos le dijo: Señor enséñanos a orar, como también Juan enseñó a sus discípulos.

Lucas 11:1

Usualmente llamamos a la oración de Mateo 6:9-13 "El Padre Nuestro"; Lucas 11:2-4 la ofrece nuevamente en una forma abreviada:

Y les dijo: Cuando oréis, decid: Padre nuestro que estás en los cielos, santificado sea tu nombre. Venga tu reino. Hágase tu voluntad, como en el cielo, así también en la tierra. El pan nuestro de cada día, dánoslo hoy. Y perdónanos nuestros pecados, porque también nosotros perdonamos a todos los que nos deben. Y no nos metas en tentación, mas líbranos del mal.

Luego en los versos 5-8, Jesucristo dijo una parábola que usualmente se usa para disertar sobre la oración. Sin embargo, ¡lo que a menudo se enseña es precisamente lo opuesto a lo que el Señor quiso decir!

> *Les dijo también: ¿Quién de vosotros que tenga un amigo, va a él a medianoche y le dice: Amigo, préstame tres panes, porque un amigo mío ha venido a mí de viaje, y no tengo qué ponerle delante; y aquél, respondiendo desde adentro, le dice: No me molestes: la puerta ya está cerrada, y mis niños están conmigo en cama; no puedo levantarme y dártelos? Os digo, que aunque no se levante a dárselos por ser su amigo, sin embargo por su importunidad se levantará y le dará todo lo que necesite.*

Con base en este pasaje a menudo se ha enseñado que Dios es como este "amigo". Debes dirigirte a Dios cuando tienes una necesidad, pero posiblemente la primera vez que le pidas que satisfaga tu necesidad, Él puede contestarte "¡No!" o "No tengo la intención". Por lo tanto, debes insistirle, presionándolo y planteando con persistencia tu petición una y otra vez hasta que lo obligues a que te dé lo que necesitas. A veces a esto se le llama "porfía en la oración". Esencialmente, debes bombardear las rejas del cielo hasta que se "abran".

Otra variación de esta idea enseña que: "¡Dios no contestará tu oración si estás solo. Tienes que incluir a otras personas. Si bombardean el cielo con oraciones colectivas con otros cientos de millones de personas pidiendo un avivamiento, finalmente Dios se verá obligado a ceder y a contestar!" Esto, aunque muchos Cristianos lo creen, no es lo que esta parábola está diciendo.

Un Contraste y No una Comparación

Jesucristo estaba haciendo un contraste, y no una comparación. ¿Tienes un "amigo" como ése? Si fueras a su casa a la medianoche buscando ayuda para satisfacer una necesidad urgente, ¿te rechazaría simplemente porque es inoportuno? ¿Te contestaría desde la ventana: "Estoy en la cama. Mi esposa y mis niños están durmiendo.¡Vete y déjame en paz!"? ¡Ése no es un amigo! Los amigos no se tratan tan fríamente. Posiblemente un conocido lo haga, pero no un amigo.

Si el Señor no ha proveído tu necesidad por la gracia, tu fe no va a obligarlo a que lo haga.

El Señor usó este ejemplo para mostrar que si un amigo te trataría mejor,¿por qué pensarías que a Dios tienes que presionarlo, y rogarle, para que satisfaga tu necesidad? ¿Por qué crees que tu amoroso Padre celestial que envió a Su Hijo para que lleve tu pecado y que te ama muchísimo más de lo que cualquiera te ha amado, podría tratarte peor que un ser humano que es egoísta?

¡Tú no esperarías que un hombre te trate así de mal! Aunque este amigo no te lo diera por la amistad, te lo daría simplemente para que lo dejaras en paz a la media noche. Tienes más fe en que la gente te trate bien que fe en que el Señor lo haga. El meollo del asunto de la parábola es que Dios no te trataría así de mal (Lc. 11:9-13). ¡Esto es un contraste!

Yo uso esta lógica todo el tiempo. Mi socio Don Krow y yo le estuvimos ministrando a un hombre en su lecho de muerte casi todos los días por varios meses. A este señor se le dificultaba creer que Dios lo sanaría. Su esposa llena de compasión continuaba orando y llorando por él. Finalmente un día le pregunté al enfermo: "¿Tú crees que si tu esposa tuviera la capacidad de sanarte, se negaría a hacerlo simplemente porque tú no leíste tu biblia, o porque no eres el hombre que deberías ser?" "¿Crees que hay algo en tu vida que no has hecho correctamente que haría que ella simplemente te dejara morir?"

Sintiéndose ofendido, él contestó: "¡De ninguna manera! ¡Ella haría cualquier cosa, hasta morir por mí si pudiera!"

Debemos arrepentirnos y alejarnos de todo lo que nos está destruyendo a nosotros mismos, pero no necesitamos rogarle a Dios que derrame Su Espíritu una vez más.

"¡Y tú crees que Dios todopoderoso te ama menos que tu esposa!"

Este hombre tenía más fe en el amor de su esposa por él que en el amor de Dios. Es precisamente esta actitud la que Jesucristo estaba confrontando a través de esta parábola.

Dios Quiere Bendecirte

Dios no es como este "amigo" que tiene que ser presionado. "¡Tienes que agarrar a Dios y no soltarlo hasta que te dé lo que le estás pidiendo!" ¡No! Eso va en contra del carácter de Dios. ¡Es un insulto para Él! Sin embargo esta misma actitud se ha enseñado y practicado frecuentemente como una manera de "orar". "Tienes que presionar a Dios y obligarlo a que lo haga". ¡Tú no vas a hacer que Dios haga nada!

Si el Señor no ha proveído tu necesidad por la gracia, tu fe no va a obligarlo a que lo haga. Contrariamente a la creencia popular, la fe no hace que Dios actúe. ¡Él no es el que está atorado! Tampoco tiene que "actuar". ¡Dios ya ha hecho todo! Al Señor nada lo toma por sorpresa porque Él proveyó la provisión mucho antes de que tú tuvieras una necesidad. Él no tiene que reaccionar y hacer algo para darte la respuesta. Como Él ya hizo Su parte, tú no tienes que rogarle.

¡Dios ya lo hizo! Él no está por ahí en el cielo con sus brazos cruzados, exigiendo: "¡Ruega un poco más; todavía no estás listo. Ya que sufras lo suficiente, entonces contestaré… quizá!" A lo mejor ésa es la percepción que tienes, pero Dios no es así. ¡Él está tratando de bendecirte!

Si el Señor no necesitara nuestra cooperación para ver la manifestación de Su poder, hoy no habría enfermedad en la tierra. Nadie usaría lentes, sufriría de alergias, ni catarros. Dios está tan dispuesto a satisfacer nuestras necesidades que Él ya lo hizo. Él está tratando de traerte Su sanidad. ¡Él está tratando de bendecir a cada uno de nosotros!

¡Dios desea más el avivamiento que tú! Tú no tienes que rogarle para que derrame Su poder. La manera como nos han enseñado a rogar en la "oración" está totalmente equivocada.

"¡Oremos por un avivamiento. Necesitamos pedirle a Dios que derrame Su Espíritu!" ¿Te das cuenta de lo que estás diciendo? Eso implica que Dios es responsable de la falta de vitalidad en la iglesia. Si Él quisiera, Él podría derramar Su espíritu y empezaríamos a ver milagros; la gente se reanimaría, las iglesias se llenarían, y el gobierno empezaría a mejorar, y los ciclos de destrucción se invertirían. "¡Todo lo que Dios tiene que hacer es levantar su dedo meñique!" ¡Error!

Dios no Está Enojado

¡Dios no está reteniendo nada! Él no está diciendo: "No voy a bendecir a los Estados Unidos de América porque no han hecho lo que quería. Prohibieron la oración en las escuelas y quitaron los diez mandamientos de los edificios públicos—¡vamos a ver si voy a actuar en sus vidas!" Dios no es así. Él está haciendo todo lo que puede para bendecir a los Estados Unidos. El meollo del asunto no es que Él se motive: Él ya está motivado. "¡Pero debemos orar y rogarle que derrame Su Espíritu!" Eso es difamarlo; Él ya derramó Su Espíritu (Hch.2:1-4). "¡La razón por la que Dios no está actuando es que está enojado con nosotros por nuestro pecado. Necesitamos rogar por Su misericordia!" ¡Error! ¡Jesucristo nos ama, y no está enojado!

Yo acostumbraba predicar: "¡Si Dios no juzga a América, Él va a tener que disculparse con Sodoma y Gomorra!" ahora valientemente declaro: "¡Si Dios juzga a América, Él tendrá que disculparse con Jesucristo!" La destrucción de Sodoma y Gomorra sucedió antes del sacrificio de Jesucristo en la cruz, pero desde Su sacrificio Cristo expió el pecado. Hay una gran diferencia entre la época de aquella destrucción y ahora. Dios no tiene la intención de juzgar a esta nación.

"Como Dios no nos va a juzgar, ¿eso significa que estamos seguros, fuera de peligro y sin problemas?" "¡No, nos estamos destruyendo a nosotros mismos al permitirle incursiones al diablo!" Si América no deja de ir en esta dirección incorrecta, le esperan mayores problemas más adelante. Sin embargo no es Dios el que está ocasionando las tragedias, abandonándonos, o reteniendo a Su Espíritu. Somos nosotros los que le hemos dado la espalda. Sí, debemos arrepentirnos y alejarnos de todo lo que nos está destruyendo a nosotros mismos, pero no necesitamos rogarle a Dios que derrame Su Espíritu una vez más. ¿Puedes ver la diferencia?

CAPÍTULO 7

"¡Arrepiéntete, Dios, Arrepiéntete!"

La mayoría de los Cristianos cree que la única diferencia entre el Antiguo Testamento y el Nuevo es una página en blanco en medio de la Biblia. No comprenden que el establecimiento del Nuevo Pacto significó una gran diferencia en la manera como todo funciona, ¡incluyendo la oración!

En Génesis 18, Dios visitó a Abraham y le prometió unas bendiciones extraordinarias. Luego le dijo que estaba planeando destruir a Sodoma y a Gomorra. Dios envió ahí a los dos ángeles que lo acompañaban para evaluar la situación. Sodoma y Gomorra estaban a punto de que ser sometidas a juicio.

Ante la presencia del Señor,

> *"se acercó Abraham y dijo: ¿Destruirás también al justo con el impío? Quizá haya cincuenta justos dentro de la ciudad: ¿destruirás también y no perdonarás al lugar por amor a los cincuenta justos que estén dentro de él? Lejos de ti el hacer tal, que hagas morir al justo con el impío, y que sea el justo tratado como el impío; nunca tal hagas. El Juez de toda la tierra, ¿no ha de hacer lo que es justo?"*
>
> Genesis 18:23-25

¡Aunque Abraham cometió errores muy graves, Dios le había dado Su palabra y la cumplió!

¡Abraham fue muy valiente para hablarle a Dios de esta manera! "¿No puedes hacerlo mejor? ¿No puedes ser más íntegro? ¿Realmente harías algo tan malo? ¡No sería correcto!" Definitivamente para nosotros ésta no es una manera correcta de orar.

Un Pacto Diferente

Abraham pudo hacerlo así porque era un pacto diferente, y Jesucristo todavía no había hecho expiación por nosotros. Sin embargo, es incorrecto que un creyente del Nuevo Testamento le ruegue a Dios de esta manera. El Señor estaba enojado con el pecado en el Antiguo Testamento, por lo tanto estaba bien que Abraham hiciera esto. Pero tomar hoy este ejemplo del Antiguo Testamento para nosotros y decir: "¡Dios está enojado! ¡Si nuestra nación no se arrepiente, Él nos va a juzgar!" Simplemente no es correcto. Sí, Él juzgó a Sodoma y a Gomorra; pero no, Dios no va a hacer lo mismo hoy.

Muchas personas han declarado que los ataques terroristas del 11 de Septiembre de 2001 son: "El juicio de Dios sobre América" por los muchos pecados de la nación. "¡Dios nos está dando una advertencia. Si no nos arrepentimos, entonces Él va a hacer cosas terribles por todos lados!" No, Él no lo va a hacer.

En la época de Sodoma y Gomorra, la ira del Señor sobre el pecado todavía no había sido apaciguada. Por lo tanto, Él los juzgó e hizo otras cosas similares en el Antiguo Testamento. Sin embargo, nosotros estamos en el Nuevo Pacto y la ira de Dios por el pecado ha sido apaciguada.

"¡Señor, Vuélvete del Ardor de Tu Ira!"

Abraham estaba actuando como un mediador. Los mediadores se colocan y tratan de hacer la paz entre dos partes contrarias que están enojadas y sostienen una disputa entre sí. Dios era santo, pero el hombre era impío. Debido a esto, la justicia de Dios tiene que ser satisfecha. Bajo el Viejo Pacto, era correcto que Dios desatara Su ira. Para poder actuar con misericordia, Dios tuvo que tener "intercesores" como Abraham que oraran: "¡Señor, vuélvete del ardor de Tu ira!"

Es asombroso que Dios Todopoderoso considerara una petición como esa; pero el Señor amaba a este hombre Abraham y tenía un pacto con él. Dios no lo honró ni lo bendijo porque se lo mereciera. En dos ocasiones, Abraham, para salvar su pellejo, voluntariamente permitió que un hombre se llevara a su esposa y que casi cometiera adulterio con ella. Si él hiciera algo así hoy, lo consideraríamos un canalla. ¡Aunque Abraham cometió errores muy graves, Dios le había dado Su palabra y la cumplió!

Abraham preguntó: "Señor, si Tú encuentras cincuenta justos en Sodoma y Gomorra, ¿aun así destruirías toda la ciudad?"

Dios contestó: "¡No! Si hay cincuenta justos ahí no lo haré".

"¿Qué tal cuarenta?... ¿treinta?... ¿veinte?"

"...Si hay veinte justos ahí, no lo haré".

"¿Qué tal diez?" Finalmente Abraham regateó con Dios hasta llegar a diez y ahí se detuvo. Sin embargo, resultó que Lot era la única persona justa que vivía en toda la región de

Orar al Señor con una actitud de pleito, exigente y orgullosa, verdaderamente es una ofensa para Él.

Sodoma y Gomorra. Así que Dios prosiguió y los destruyó a todos excepto a los familiares cercanos de Lot; pero en el proceso, ¡Él respondió en forma sobrenatural a la intercesión de Abraham!

"¡Déjame Actuar!"

Moisés hizo lo mismo (Ex. 32:9-14). Enojado, Dios declaró: "Ahora, pues, déjame que se encienda mi ira en ellos, y los consuma; y de ti yo haré una nación grande" (v. 10). Esencialmente el Señor dijo: "¡Moisés, déjame actuar! Déjame solo para que pueda destruir a toda esta gente. ¡Voy a empezar de nuevo y te voy a usar a ti para hacer una nueva nación!"

¡Aquí hay algunas cosas muy poderosas! Dios le dijo a Moisés: "Déjame actuar para que pueda hacer lo que quiero". Sutilmente, el Señor estaba reconociendo: "¡Moisés, tú tienes poder sobre Mí. Si tú ruegas por misericordia, evitarás que ejecute mi ira!"

> *Entonces Moisés oró en presencia de Jehová su Dios, y dijo: Oh Jehová, ¿por qué se encenderá tu furor contra tu pueblo, que tú sacaste de la tierra de Egipto con gran poder y con mano fuerte? ¿Por qué han de hablar los egipcios, diciendo: Para mal los sacó, para matarlos en los montes, y para raerlos de sobre la faz de la tierra? Vuélvete del ardor de tu ira, y arrepiéntete de este mal contra tu pueblo.*
>
> Éxodo: 32:11,12

¡El Señor se Arrepintió!

Moisés le dijo a Dios: "¡Arrepiéntete!" ¡Qué agallas! ¿Sabes qué es más impresionante?: "Entonces Jehová se arrepintió del mal que dijo que había de hacer a su pueblo" (Ex. 32:14). Un hombre común y corriente dijo: "¡Dios, arrepiéntete! No te das cuenta que los Egipcios escucharán lo que sucedió y dirán: '¡Dios fue capaz de liberarlos de Egipto, pero no pudo introducirlos a la Tierra Prometida. Él es muy débil!' Esto no se va a ver bien en Tu historial. ¡Dios, arrepiéntete!" ¡Y Él lo hizo!

Los "intercesores" de hoy sostienen: "Eso es lo que estamos haciendo. Estamos orando, 'Señor, vuélvete del ardor de Tu ira. ¡No descargues Tu juicio sobre esta nación!'" Enseñan que Dios está enojado por el pecado que hay en nuestras vidas y que está listo para abrirle juicio a esta nación. Creen que el Señor no va a sanar a nadie, amenos que se ponga de rodillas o se arrepienta, o que un "intercesor" ruegue por misericordia. Esencialmente, dicen que debes acercarte a Dios como si Él fuera ese "amigo" malhumorado, incomodado y adormilado mencionado en Lucas 11:5-8 que no quiere prestarte tres barras de pan para tu huésped a media noche. "¡No me molestes. Estoy enojado contigo. Tú no me has estado buscando, así que te mereces lo que tienes!" Por lo tanto, como Dios no está motivado para contestar, debes rogar, suplicar, y molestarlo hasta que derrame Su Espíritu. ¡Ésa es una actitud totalmente equivocada en la oración!

De una forma o de otra, todos han sido influenciados por esta actitud errónea. Orar al Señor con una actitud de pleito, exigente y orgullosa, verdaderamente es una ofensa para Él. ¿Por qué? ¡Porque no estás confiando en Cristo o creyendo en lo que Él ya ha hecho!

La Rebelión Juzgada

Coré, Datán, y Abiram abiertamente desafiaron la autoridad de Moisés. Finalmente, él gritó enojado: "Si estas personas mueren de muerte natural, entonces sabrán que Dios no me envió. Pero si algo nuevo sucede para que la tierra se abra y se los lleve vivos al Seol, a ellos y a todo lo que les pertenece, entonces sabrán que verdaderamente soy un varón de Dios". (Nm. 16:28-30). Esa sí que es una prueba de fuego.

Inmediatamente la tierra se abrió y se tragó a Coré, a Datán, y a Abiram, y a todos los que los seguían, a sus familias, y a sus cosas y se volvió a cerrar con ellos dentro. ¡El resto de la gente que estaba presente corrió despavorida!

Sin embargo, inmediatamente al día siguiente todos los Israelitas se reunieron. Como estaban enojados con Moisés, lo acusaron, diciendo: "¡Tú mataste a la gente de Dios!" Cuando estaban criticando a Moisés, la gloria de Dios apareció en forma de nube sobre el tabernáculo. Moisés la vio y le informó a Arón: "¡Dios está enojado!" Nuevamente, el Señor instruyó a Moisés: "¡Déjame actuar para que pueda destruir a esta gente!" (Nm. 16:41-45).

Moisés le dijo a Arón que tomara el incensario y que pusiera en él carbones del fuego del altar (el incienso representa el dulce aroma de la oración que sube ante el Señor). "¡Corre entre la gente y ponte entre los vivos y los muertos. Entonces cesará la mortandad!" Cuando Arón corrió en medio de la multitud y pasó frente a los muertos; finalmente se detuvo enfrente de la mortandad. Cuando ésta se acercó al incensario que Arón estaba sosteniendo, la mortandad fue aplacada, la ira de Dios fue apaciguada y el resto de los Israelitas se salvó (Nm. 16:46-50).

De hecho he escuchado que la gente usa estas citas bíblicas para predicar así: "¡La ira de Dios se ha derramado y la destrucción ha empezado. Si nosotros intercedemos, como lo hicieron Abraham y Moisés, y actuamos y oramos: 'Dios, renuncia a Tu ira', podemos evitar que Dios desate Su juicio y podemos salvar a esta nación!" Esencialmente, eso es lo que se está enseñando y a eso se le llama "oración". ¡Eso está totalmente equivocado!

CAPÍTULO 8

Jesús el Único Mediador

Si comprendes 1 de Timoteo 2:1-5, cambiará tu forma de orar. Observa el comienzo; obviamente está hablando sobre la oración.

> *"¡Exhorto ante todo, a que se hagan rogativas, oraciones, peticiones **y** acciones de gracias, **por** todos los hombres; por los reyes, y por todos los que están en eminencia; para que vivamos quieta y reposadamente en toda piedad y honestidad. Porque esto **es** bueno y agradable delante de Dios nuestro Salvador; el cual quiere que todos los hombres sean salvos, y vengan al conocimiento de la verdad. Porque **hay un** solo Dios, y un solo mediador entre Dios y los hombres, Jesucristo hombre!"*
>
> (El énfasis es mío).

En el Nuevo Pacto, Jesucristo es el único mediador que está entre Dios Padre y la humanidad. El pecado ya no es un problema con Dios porque ha sido expiado. Dios ya no está enojado. Él no se propone destruir nuestro país como lo hizo con Sodoma y Gomorra. Abraham intercedió con Dios para que perdonara la ciudad y regateó con Él hasta llegar a diez justos. ¿No crees que Jesucristo logró por lo menos eso? ¿No crees que

Él ya no está enojado con la gente porque Su justicia fue satisfecha a través del perfecto sacrificio del Cordero.

Jesucristo podría interceder y negociar con Dios por lo menos tan bien como lo hizo Abraham? Si Abraham pudo convencerlo de que preservara a Sodoma y Gomorra si encontraba a diez justos, podemos estar seguros que la ira de Dios ha sido totalmente apaciguada a través de Su Hijo. ¡Ahora Jesucristo es el único mediador ente Dios y el hombre!

Era correcto que Moisés orara como lo hizo porque Jesucristo aún no había venido. La ira de Dios no había sido apaciguada, y el pecado tenía que ser juzgado. Sin embargo, a partir de su sacrificio, Cristo ha llevado el juicio por todo el pecado. No llevó el juicio solamente por los pecados cometidos en Su época y antes de ella, sino también por los de nuestra época. ¡Él no solamente llevó el juicio por nuestros pecados pasados y presentes, sino también por los futuros! Jesucristo tomó nuestro lugar y recibió el efecto de la ira de Dios por el pecado y fue separado de la presencia del Padre. Ahora Él es el único mediador entre Dios y nosotros. Si hoy tratas de ser un mediador como Moisés o Abraham, eres un anticristo: en contra de Cristo, en contra de Su obra terminada, y ¡estás tratando de tomar Su lugar!

Si oras: "¡Dios mío, por favor ten misericordia. No derrames tu ira!", con eso has ignorado al Señor y declarado: "Jesucristo, yo sé que Tú hiciste expiación por nosotros y que Tú lidiaste con el pecado. La Palabra dice que Tú eres el único mediador, pero yo creo que puedo ayudar. ¡Mis ruegos e intercesiones también van a ser necesarios para arreglar las cosas!" ¡Estás tratando de añadirle a lo que Jesucristo ya hizo! Jesucristo + cualquier cosa = nada. Jesucristo + nada = todo. Cuando tratas de interceder como Abraham, Moisés y otros lo hicieron en el Antiguo Testamento, no estás apreciando lo que Jesucristo ha hecho y estás tratando de convertirte en un mediador.

¿Qué Has Hecho con Jesucristo?

La gran mayoría de ejemplos y modelos de oración que nos han dado, especialmente sobre "la intercesión y la guerra espiritual", tienen su origen en el Antiguo Testamento. ¡Son maravillosos ejemplos, pero no son para nosotros hoy! Dios no está enojado, ni siquiera está de mal humor. Él está feliz y goza de beatitud. ¡Su familia está creciendo y Su reino prospera todos los días! La ira de Dios hacia el pecado fue derramada en Su Hijo. Él ya no está enojado con la gente porque Su justicia fue satisfecha a través del perfecto sacrificio del Cordero.

Dado que Dios no está enojado, ¿aun así debemos predicar? ¡Por supuesto! Dios ha hecho que la provisión esté disponible, pero cada individuo por sí mismo debe creer y recibir. Si no lo hacen, entonces la ira y el juicio permanecen porque aquellos que no acepten a Jesucristo como su salvador se irán al infierno.

Dios preparó el infierno para el diablo y sus ángeles, no para el hombre. Sin embargo, aquellos que escojan asociarse con el diablo y que se nieguen a aceptar la salvación por gracia a través de la fe (y traten de ganársela por ellos mismos) compartirán la sentencia de Satanás. Esto nunca fue el propósito de Dios. No es Su voluntad que la gente se vaya al infierno, sin embargo Él es justo. Si alguien no acepta el pago que Dios hizo a través de Cristo, se irá allí.

Los pecados individuales (la homosexualidad, el uso de las drogas, al alcoholismo, etc.) no son los que te mandan al infierno. Tus pecados han sido perdonados, pero el pecado que te mandará al infierno es el rechazo del pago por esos pecados. Todo se centra en cómo le respondes a Jesucristo.

La Palabra de Dios en el Nuevo Testamento revela la profundidad de Su amor y Su perdón a través de Jesucristo.

Cuando llegues al cielo, Dios no te preguntará: "¿Qué pasó con este pecado y con aquél?" No, Él querrá saber: "¿Qué hiciste con Jesucristo?" Tu relación con Jesucristo, si te arrodillaste y lo hiciste tu Señor o no, determina si serás aceptado o rechazado. En ese tiempo, aquellos que rechacen a Jesucristo serán responsables por sus pecados porque no aceptaron el pago que Dios hizo. Serán juzgados y tendrán que asumir la responsabilidad por esos pecados personales, pero en realidad el único asunto importante es: ¿Qué has hecho con Jesucristo?

Pide, Busca, y Llama

Jesucristo pagó por nuestros pecados y satisfizo la ira de Dios, pero en general la iglesia todavía no comprende esto. Todavía percibimos a Dios como Él era en el Antiguo Testamento: enojado. Pensamos que debemos interceder para impedirle que haga lo que suponemos quiere hacer—juzgar a la gente por sus pecados. Creemos que todavía tenemos que rogarle y suplicarle a Dios por Su misericordia. ¡Eso está absolutamente equivocado! La Palabra de Dios en el Nuevo Testamento revela la profundidad de Su amor y Su perdón a través de Jesucristo.

El objetivo de la oración no es que apacigües la ira de Dios, o que seas insistente como una persona que está en la calle a la media noche diciendo: "¡Yo sé que no me lo tienes que dar, pero no me iré hasta que me bendigas! ¡No me moveré de aquí hasta que me des lo que quiero! ¡Tú dijiste que por Sus llagas yo soy sano, así que no voy a parar hasta que me sanes!" Eso sencillamente es despreciar a Cristo. Tú ni siquiera tienes la más mínima idea de que Dios ya ha proveído todo lo que necesitas, incluida la sanidad. ¡Él te ama y quiere que la tengas!

Dios no es como este supuesto "amigo" en Lucas 11:5-8. ¡Jesucristo estaba señalando un contraste! Después de citar esta parábola, inmediatamente enfatizó Su mensaje.

> *Y yo os digo: Pedid, y se os dará; buscad y hallaréis; llamad, y se os abrirá. Porque todo aquel que pide, recibe; y el que busca, halla; y al que llama, se le abrirá.*
>
> Lucas 11:9,10

¡Cuánto Más!

A continuación Jesucristo ilustró esta verdad más ampliamente usando la misma lógica pero a través de otra clase de relación.

> *¿Qué Padre de vosotros, si su hijo le pide pan, le dará una piedra? ¿O si pescado, en lugar de pescado, le dará una serpiente? ¿O si le pide un huevo, le dará un escorpión? Pues si vosotros, siendo malos, sabéis dar buenas dádivas a vuestros hijos, ¿cuánto más vuestro Padre celestial dará el Espíritu Santo a los que se lo pidan?*
>
> Lucas 11:11-13

¿Ves lo que está diciendo? "Si tu hijo quisiera un pedazo de pan, ¿le darías una piedra? ¡La mordería y le arruinaría los dientes! Si tu hija te pidiera un huevo, ¿le darías un escorpión? Si te pidieran un pescado, ¿les responderías dándoles una serpiente venenosa?" ¡Por supuesto que no! Si tú ni siquiera pensarías en tratar a tus hijos con tanta crueldad, ¿por qué crees que Dios se negaría o titubearía siquiera para satisfacer tu necesidad? ¡Todo lo contrario! "Si vosotros, siendo malos, sabéis dar buenas dádivas a vuestros hijos, ¿cuánto más vuestro Padre celestial dará el Espíritu Santo a los que se lo pidan?"

La mayoría de las personas piensa que Dios se niega a satisfacer sus necesidades. Por eso le suplican y le ruegan a través de la "oración"; creen que Él está enojado por la impiedad de ellos. Se imaginan a Dios con los brazos cruzados, rechazándolos y diciendo: "¡No te voy a dar nada!" Así que "oran" y continúan presionándolo hasta que "se canse" y entonces tenga que contestarles. "¡No sueltes a Dios hasta que te dé lo que quieres!" ¡No, Jesucristo enseñó exactamente lo opuesto! Es la gente la que ha tergiversado estos versículos y ha llamado a esto "porfía en la oración". ¡Qué actitud tan desviada!

CAPÍTULO 9

Una Treta del Diablo

Lucas 18:1-8 es otro pasaje que con frecuencia se usa para enseñar sobre la "porfía en la oración".

> *También les refirió Jesús una parábola sobre la necesidad de orar siempre, y no desmayar, diciendo: Había en una ciudad un juez, que ni temía a Dios, ni respetaba a hombre. Había también en aquella ciudad una viuda, la cual venía a él, diciendo: Hazme justicia de mi adversario. Y él no quiso por algún tiempo; pero después de esto dijo dentro de sí: Aunque ni temo a Dios, ni tengo respeto a hombre, sin embargo, porque esta viuda me es molesta, le haré justicia, no sea que viniendo de continuo, me agote la paciencia.*
>
> Lucas 18:1-5

Se enseña que: "Dios es como este juez injusto que no está motivado a contestarte la primera vez. Pero esta mujer continuó presionándolo hasta que el juez finalmente se dio por vencido y dijo: 'Debo darle lo que quiere o no me va a dejar en paz'". Se interpreta de esta manera: "¡Así es el Señor. Tienes que entrar, agarrar los cuernos de las esquinas del altar, y sacudirlo hasta que Él salga. Simplemente, tú tienes que hacer que el poder de

El problema no es Su disponibilidad o capacidad para dar, sino más bien nuestra capacidad para creer y recibir.

Dios funcione!" Eso no es lo que este pasaje dice, Dios no es injusto como este juez. ¡Es otro contraste, no una comparación!

Personalmente, no tengo mucho respeto por nuestro sistema judicial aquí en los Estados Unidos de América. En los últimos años, nuestros líderes políticos han estado reinterpretando muy equivocadamente la Constitución. Sin embargo, inclusive esos liberales tratarían a alguien que recurriera a ellos mejor que este juez.

Jesucristo estaba utilizando un ejemplo absurdo para ilustrar su punto de vista. Aunque pudieras imaginarte una injusticia como esa, la mujer lo cansó hasta que él finalmente accedió. En otras palabras, la mayoría de la gente espera recibir un mejor servicio de un sistema judicial imperfecto que de parte del Señor. ¡La mayoría de la gente tiene más fe en un juez terrenal que en Dios para recibir un buen trato! Esta parábola encierra un contraste que nos muestra lo absurdo de esa forma de pensar.

¿Partidario o Adversario?

Y dijo el Señor: Oíd lo que dijo el juez injusto. ¿Y acaso Dios no hará justicia a sus escogidos, que claman a él día y noche? ¿Se tardará en responderles?

Lucas 18:6,7

Algunas personas se basan en estos versos para enseñar que Dios te hará justicia, pero que antes va a "resistirte" por un buen tiempo. Dicen: "Algunas veces se tarda. Simplemente tienes que pedir y pedir, y tarde o temprano, Él te contestará". Si interpretas esto así, ¡entonces el versículo 8 significa que el pasaje no tiene sentido!:

> *Os digo que pronto les hará justicia. Pero cuando venga el Hijo del Hombre, ¿hallará fe en la tierra?*

Dios no es como este juez injusto que te hace esperar por mucho tiempo por su respuesta. ¡Él hace justicia pronto! No tienes que rogarle a Dios, y pedirle vez tras vez. El problema no es Su disponibilidad o capacidad para dar, sino más bien nuestra capacidad para creer y recibir: "¿Hallará fe en la tierra?"

Si tú te acercas a Dios con la actitud de que Él es tu adversario y no quiere contestar tu oración, ¡tú te acercas a Él con menos respeto del que tienes por tu mamá o tu papá! ¡Tú esperas que tus padres, amigos, o un juez te traten mejor que Dios mismo!

Se ha proyectado extensamente una imagen tan mala del Señor que creemos que Él está dispuesto a permitir que algunos bebés vengan al mundo con defectos de nacimiento. "¡Dios te dio este cáncer para enseñarte algo. Fue Dios el que quemó ese edificio hasta sus cimientos con todas esas personas adentro porque ellos eran los dueños de una tienda de pornografía y Él los condenó por eso!"

Con esta distorsionada forma de pensar muchos Cristianos creen que deben interceder ante Dios a favor de su país para suplicar por Su misericordia y que Dios no los juzgue. Millones de personas se han unido a esas "cadenas de oración" para rogarle a Dios y tomar el lugar de Cristo.

"¡Eso No Está Bien!"

¿Tienes esta imagen y actitud en la oración? Si así es, te estás acercando a Dios en una relación de adversarios, con incredulidad, difamando Su carácter, sin valorar a Cristo y creyendo que lo que Jesucristo hizo no fue suficiente. "Jesucristo, yo sé que Tú hiciste intercesión, pero hazte a un lado—¡ahora yo soy el intercesor!" Y luego te preguntas: "¿Por qué mis oraciones no están funcionando?"¡Es un milagro que no te hayas convertido en un montón de ceniza! La única razón por la que Dios no está enojado contigo es porque Jesucristo hizo una obra muy eficaz.

Creemos las mentiras del diablo y en nuestra ignorancia aceptamos las pervertidas opiniones de la religión. Como pensamos que Dios es nuestro adversario, tratamos de obligarlo a que conteste nuestras oraciones. Tratamos de torcerle el brazo a Dios y de obligarlo a que sane a la gente imaginándonos presuntuosamente que tenemos más compasión que ¡El Sanador mismo!

Un día yo estaba en una vigilia de oración bombardeando las puertas del cielo; recuerdo que gritaba y golpeaba la pared (en aquel entonces pensaba que Dios estaba sordo, así que mientras más fuerte golpeara, mejor). Me esforcé con tal frenesí que golpeé la pared y exclamé: "¡Dios, si tu amor por la gente de Arlington, Texas, fuera la mitad del mío, entonces habría avivamiento!" Sin embargo tan pronto como esto salía de mi boca, supe que algo estaba terriblemente mal con mi teología. Inmediatamente me detuve y dije: "¡Eso no está bien!"Pero así es como la mayoría de los "intercesores" actúan hoy en día.

Dios ya ha liberado Su poder. Está en nosotros. Ahora debemos ministrar Su poder a otros.

Los intercesores le suplican a Dios, y oran: "¡Dios mío, por favor ama a estas personas por lo menos tanto como yo las amo!" Posiblemente no usarían las mismas palabras, sin embargo eso es lo que están haciendo. Creen que Dios está enojado y que Él permitiría que la gente se muriera y se vaya al infierno de no ser por sus poderosas oraciones. Si no fuera por ellos, Dios no sanaría a nadie. Creen que sus ruegos hacen que Dios cambie de forma de pensar y que extienda misericordia. ¡Esto está muy alejado de la verdad!

Dios ama a la gente infinitamente más que tú. Si quieres ver un cambio en tu país o ver que alguien sea salvo, o que alguien reciba sanidad o liberación, es porque Dios mismo ya ha tocado tu corazón para que tengas ese deseo. ¡Porque definitivamente no es nuestra naturaleza humana! La naturaleza del hombre lo compele a ser egoísta y a no preocuparse por nadie más. Si tienes compasión y quieres ver a otros bendecidos, es porque Dios ya está obrando en ti. Él es el que te dio esa compasión. Él no te estimuló para que le ruegues que se convierta en una persona tan misericordiosa como tú, sino para que motivado por el amor tú hagas algo al respecto y empieces a salir y a manifestar el poder de Dios.

Actúa con Base en la Verdad

Me gustaría mucho ver la misma hambre, el mismo deseo, y la misma pasión por el Señor aquí en América que los que he visto en otros países. Si no lo vemos aquí no es porque Dios no ha derramado Su Espíritu en los Estados Unidos de América. Es porque América está muy distraída con la música, la televisión, los juegos de video, el consumismo en las tiendas comerciales, y las playas. Lo que nuestra nación gasta en diversión, accesorios para el deporte, y cosas relacionadas con los pasatiempos, es mayor que el Producto Interno Bruto de muchos países. ¡Absortos en la codicia por toda clase de cosas materiales, simplemente no tenemos tiempo para Dios!

Dios no es el que está deteniendo a Su Espíritu. Él está tratando de obrar en los Estados Unidos de América y en todo el mundo. Lo que pasa es que el Espíritu Santo no actúa independientemente de las personas. Dios le dijo a los creyentes que vayan por todo el mundo y sanen a los enfermos, limpien a los leprosos, resuciten a los muertos, y echen fuera los demonios. En vez de hacer lo que Él nos ordenó que hiciéramos, le estamos pidiendo a Dios que haga lo que Él nos dijo que hiciéramos. Dios ya ha liberado Su poder. Está en nosotros. Ahora debemos ministrar Su poder a otros.

¡Dios ya ha puesto en nuestro interior el mismo poder que resucitó a Jesucristo de los muertos! No es tiempo para que Él derrame Su Espíritu. El Señor ya lo ha hecho, y Él está habitando en el interior de cada creyente vuelto a nacer. ¡Solamente necesitamos empezar a declarar la verdad y a motivarnos unos a otros para actuar en ella!

¡Mañana, tú ve y resucita a alguien de entre los muertos! Luego pregúntale a la gente que andaba por ahí cuando eso ocurrió: "¿Te gustaría ir a una reunión para aprender cómo tú también puedes hacer esto?" ¡Llenaríamos esas reuniones! Tú no necesitas orar para que el poder de Dios se derrame. Él quiere que Su poder se manifieste, pero primero debes empezar a creer, a aplicarte, y a actuar. Conforme lo hagas, ¡los milagros te seguirán!

Considera el Fruto

Satanás es el responsable de mucha de la enseñanza sobre la "oración" que hoy circula en el cuerpo de Cristo. ¡Considera el fruto! Esta enseñanza te está llevando a encerrarte en tu clóset, a no valorar lo que el Señor ha hecho, a que trates de tomar Su lugar, a que le digas que se arrepienta de Su ira que ya no tiene, a que le ruegues para que descienda el Espíritu Santo que ya ha sido enviado, y a que le ruegues que se vuelva tan misericordioso como tú lo eres. Todo esto simplemente destruye tu comprensión de Dios y la imagen que tienes de Él.

Cada individuo debe creen en Cristo en forma personal.

Mientras tanto, tu familia, tus compañeros de trabajo, y tus vecinos se están yendo al infierno. Deberías andar por ahí declarando La Palabra de Dios y demostrándola al ordenar que la sanidad se manifieste en sus cuerpos enfermos. En cambio no tienes tiempo para hablar con ellos porque estás muy ocupado "intercediendo" en tu clóset una hora o más cada día. ¡Vaya treta del diablo!

CAPÍTULO 10

¡Salte del Clóset!

Miles de personas se han acercado a mí y me han preguntado: "¿Por qué esta persona no es salva? ¡He estado orando por ella casi por veinte años y Dios no ha contestado mi oración!" ¡Qué actitud tan lamentable! Si yo fuera Dios, ¡me darían ganas de cachetearlos! Tú no puedes hacer que otra persona sea salva a través de tu fe.

> *Ellos dijeron: Cree en el Señor Jesucristo, y serás salvo, tú y tu casa.*
>
> Hechos 16:31

Este versículo del pasaje del carcelero Filipense se enseña comúnmente así: "Exige que tus familiares—que toda tu casa—sean salvos". Tú no puedes "exigir" la salvación de otra persona. Ése no es el significado de este versículo. Este versículo dice: "Cree en el Señor Jesucristo y serás salvo. Tu familia también será salva, si ellos creen. ¡Esto funcionará para cualquier persona!"

Si "exigir" la salvación de otra persona verdaderamente funcionara, entonces deberíamos dejar de enseñar cualquier otra cosa y deberíamos enfocarnos en esto. Deberíamos organizar a las iglesias para que "exijan" la salvación de todos los miembros de sus familias. Luego, cuando esos familiares sean salvos, inmediatamente deberíamos instruirlos para que ellos a su vez también "exijan" la salvación de todos sus familiares. ¡Si esto fuera verdad, podríamos "exigir" y salvar a todo el mundo a la velocidad de la luz! Sencillamente esto no puede hacerse así porque cada individuo debe creer en Cristo en forma personal.

> *Siendo renacidos, no de simiente corruptible, sino de incorruptible, por la palabra de Dios que vive y permanece para siempre.*
>
> 1 Pedro 1:23

La semilla de La Palabra de Dios debe ser plantada en el corazón de una persona antes de que pueda ser vuelta a nacer. La salvación no puede germinar si no se planta primero la semilla.

En la actualidad, muchos creyentes están encerrados en sus closets intercediendo y "exigiendo" la salvación de otros en vez de andar por ahí plantando la semilla de La Palabra de Dios en los corazones de las personas. Hermanos y hermanas, ¡esto no debería ser así!

No es un Modelo del Nuevo Testamento

Jesucristo nunca organizó grupos de "guerreros de oración" y de "intercesores" como se hace hoy. Él nunca envió a sus discípulos a una ciudad para "interceder y hacer guerra espiritual" "para preparar el área para Él". En cambio, sí los envió por adelantado para anunciar Su venida porque en aquel entonces no tenían radio, televisión, periódicos, internet, ni anuncios espectaculares. Estos discípulos anunciaban los milagros de Jesús, pero el Señor nunca envió "guerreros de oración" o "intercesores". Sencillamente no hay un modelo en el Nuevo Testamento de cosas similares.

¡Pablo tampoco tuvo grupos de "intercesores"! Él le pidió a sus amigos que oraran por Él, pero nunca organizó grupos de "guerreros de oración" para que "lo apoyaran". La gente me pregunta todo el tiempo: "¿Quiénes son tus intercesores?" Honestamente, ¡no lo sé! Estoy seguro que muchos de mis socios y amigos oran por mí (lo cual aprecio mucho), pero no tengo grupos de "intercesores" como se practica hoy. Ninguno de los personajes de la Biblia que cambiaron al mundo alguna vez pagó por la intercesión de los "guerreros de oración". Es una nueva moda de nuestra época—¡y eso es tonto!

> **Hoy no se enfatiza correctamente el decirle a la gente la verdad de La Palabra de Dios.**

La manera de pensar que respalda todo esto declara que hay poderes demoníacos que tienen cautivas algunas áreas y que antes de ir a predicar el evangelio, se debe atar al "hombre fuerte" y romper su poder. Aunque esto suena muy "espiritual", ni Jesucristo ni Pablo lo hicieron de esta manera. ¿Estoy refutando el hecho de que hay poderes demoníacos que operan en el mundo hoy? ¡No! He visto demonios salir de las personas. También estoy totalmente consciente de que hay poderes demoníacos sobre las ciudades.

¡Los demonios están presentes hasta en los servicios de las iglesias! Algunas personas podrían decir: "Bueno, no deberían estar ahí. ¡Clama a la sangre y manténlos afuera!" ¡No puedes hacer eso! Satanás estuvo presente en la Última Cena con Jesucristo. Después de que el Señor mojó el pan en el plato y se lo dio a Judas, el diablo entró en Judas. Si Cristo no pudo mantener a Satanás alejado de Su mesa de comunión, ¿qué te hace pensar que tú sí puedes?

Un Poco Supersticioso

Una vez visité una iglesia donde apasionadamente "clamaban a la sangre" y la "untaban"[2] en todos sus umbrales, puertas, y ventanas. El predicador declaró: "Si el diablo hubiera podido entrar a esa reunión, hubiera tenido que ser un diablo 'salvo'". ¿Por qué? "¡Hubiera tenido que entrar a través de la sangre!" ¡Eso simplemente es una actitud religiosa tonta! Solamente los Cristianos creerían algo así; porque los no creyentes seguramente no lo creerían. ¡Tienes que ser un poco supersticioso para creer en algunas de las cosas raras que se enseñan en las iglesias hoy!

Si "clamar a la sangre" verdaderamente mantuviera los demonios fuera de los servicios de las iglesias, ¡éstas estarían vacías! La Palabra de Dios no hace diferencia entre "oprimido" y "poseído". La palabra griega traducida simplemente significa "endemoniado". Si estás deprimido, estás endemoniado. Satanás te está molestando. Muchas enfermedades también son demoníacas. Muchos creyentes tienen espíritus malos constantemente alrededor de ellos acosándolos y afligiéndolos. Si verdaderamente todos los demonios fueran atados y alejados de los servicios de las iglesias, no quedaría nadie adentro. ¡Realmente no puedes hacer eso!

Si verdaderamente fuera posible mantener los demonios fuera de los servicios de las iglesias, deberíamos reunir a todos los creyentes de la comunidad y usar la fe de todos para incrementar nuestro alcance y atar a todos los demonios que hubiera dentro de un espacio de 8 km de radio. Luego podríamos salir a bombardear el área con el evangelio para que la gente fuera vuelta a nacer y llena del Espíritu. Después podríamos ponernos de acuerdo con esa gente para atar a los demonios que queden en el resto de la ciudad. Cuando toda la ciudad sea salva, podríamos atar los demonios de nuestro estado, y luego nuestra nación.

¡Así no funciona! No puedes "exigir" la salvación de alguien y forzarlo a través de la oración a que sea vuelto a nacer en contra de su voluntad. Tampoco puedes echar a un demonio fuera de alguien en contra de su voluntad. Sin embargo, esto es lo que por lo general se enseña acerca de la "oración". "Exige la salvación de esta o aquella persona y ata los demonios sobre esto o aquello". ¡En este proceso lo que sucede es que no estamos predicando La Palabra!

Lidiando con Diana

No comprendemos que en primer lugar La Palabra de Dios debe penetrar la vida de una persona para que pueda cambiar su vida. Pensamos que nuestras oraciones hacen que la gente reciba salvación. Cuando ellos no responden, nos preguntamos: "¿Por qué no los ha salvado Dios? ¡Yo he estado orando!" ¿Si? ¿Has considerado el hecho de que posiblemente esta persona no quiera ser salva? A lo mejor verdaderamente están disfrutando su pecado. Quizás están influenciados por una mentira demoníaca y creen que ser Cristiano es algo malo. ¿Alguna vez le has dicho la verdad y has combatido su incredulidad? Hoy no se enfatiza correctamente el decirle a la gente la verdad de La Palabra de Dios. En vez de eso, se hace así: "Vamos a hacer que todos oren por un derramamiento del Espíritu de Dios para que no tengamos que evangelizar. De esta forma no vamos a tener que salir y arriesgarnos a la posibilidad de ser rechazados. ¡Sólo vamos a pedirle al Señor que haga lo que Él nos pidió que hiciéramos!"

Dios no es el que ha inspirado a millones de intercesores para que le rueguen que derrame Su Espíritu. ¡Diez creyentes que anduvieran por ahí haciendo la obra del ministerio—resucitando a los muertos, sanando a los enfermos, y declarando la verdad— lograrían mejores resultados que todos aquellos que le ruegan a Dios que haga lo que Él ya ha hecho!

Simplemente te estoy motivando a que reconozcas la raíz de estas actitudes y formas de pensar sobre la oración.

La ciudad de Colorado Springs, donde está nuestra sede, es el centro de gran parte de este tipo de "intercesión y guerra espiritual". Varios años atrás, los líderes de los movimientos de intercesión y guerra espiritual fueron a Éfeso (Turquía en la actualidad). Creyeron que Dios les dijo que el más grande poder demoníaco en nuestro día y época era Diana de los Efesios. Pensaron que era el principado que realmente controlaba a la gente musulmana. En el anfiteatro de Éfeso (ruinas desde la época de Pablo), se reunieron cerca de 20,000 "intercesores" y "guerreros de oración" de todo el mundo. Todo lo que hicieron fue orar y hacer "guerra espiritual" para "destruir" a Diana de los Efesios.

Cuando Pablo lidió con esta "Diana", multitudes iban a adorar su imagen (la leyenda decía que su imagen había caído de Júpiter) al templo en Éfeso. Pablo nunca le dijo a sus discípulos que oraran en contra de ella, nunca dirigió un servicio de alabanza para atarla, y nunca hizo "guerra espiritual" o "mapas de localización de espíritus".

¿Qué hicieron Pablo y sus ayudantes? Predicaron la verdad de que no hay otro Dios, solamente Dios el Padre y Su Hijo—el Señor Jesucristo. En un período de tiempo relativamente corto, toda la adoración de "Diana de los Efesios" estaba al borde de ser totalmente abandonada porque alguien tuvo el valor de decirle la verdad a la gente. Las consecuencias, religiosas, políticas y principalmente económicas hicieron que Pablo fuera apedreado hasta casi morir (Hch. 19:23-41). ¿Estoy argumentando que no había un poder demoníaco operando a través de Diana de los Efesios? No, creo que sí había uno. Sin embargo, Pablo y sus compañeros no lidiaron con eso a través de la oración. ¡Ellos valientemente proclamaron la verdad de La Palabra demostrando el poder del Espíritu Santo a la gente!

Simplemente te estoy motivando a que reconozcas la raíz de estas actitudes y formas de pensar sobre la oración.

Pablo destruyó a Diana de los Efesios a través del poder de la verdad. Ella no había sido un elemento a considerar por casi 2000 años, hasta que los "intercesores" la resucitaron.

¿Quién Trajo a Quién?

¿Cómo obtienen su poder las entidades demoníacas? ¡Lo obtienen de las personas que creen y actúan de acuerdo a sus mentiras! Los espíritus demoníacos no son capaces de dominar o controlar a nadie en contra de su voluntad. Los seres humanos son los que les dan poder a los demonios cuando creen sus mentiras y cooperan con sus malvados deseos.

Con frecuencia se ha dicho: "Los espíritus homosexuales controlan el área de San Francisco. ¡Necesitamos intercesores que vengan y aten a estos poderes demoníacos para que la gente pueda ser liberada!" ¿Quién llegó a San Francisco primero— los demonios o los homosexuales? Algunas personas que eran homosexuales, o que los favorecían, fueron electos para ocupar puestos de poder en el gobierno. Aprobaron leyes que otorgaban beneficios especiales, beneficios legales y otras cosas que hicieron a San Francisco atractiva para los homosexuales. Por lo tanto, homosexuales de todo el país y del mundo se mudaron a San Francisco. No había ahí poderes demoníacos que atrajeran a esta gente. ¡Los homosexuales vinieron y trajeron a sus demonios con ellos!

La persona por la que estás orando tiene más control sobre su vida del que tú tienes.

No te deshaces de los poderes demoníacos de homosexualidad por entrar en lugares celestiales y pelear directamente con ellos. En lugar de eso, predica la verdad. Conforme la gente entiende y cree que Dios los ama y que Él creó a Eva y a Adán , no a Adán y a Pedro, serán liberados. Entonces resistirán a esos demonios con la verdad, y el clima entero sobre San Francisco cambiará.

¡El Espíritu Santo te está guiando, pero es tu responsabilidad creer, ir y hacer!

¡Sé que te estoy pisando los callos! Tú amas a Dios y eres tan sincero como puedes serlo. Sin embargo has creído algunas de estas cosas. Probablemente te estás sintiendo ofendido, sientes que estoy diciendo que estás muy mal. En realidad, simplemente te estoy motivando a que reconozcas la raíz de estas actitudes y formas de pensar sobre la oración que están equivocadas. Puede ser que seas sincero. ¡Pero, puedes estar sinceramente equivocado!

¡Creer, Ir y Hacer!

¡Dios te ama! Él ha visto tu corazón. Él ha obrado con lo que le has ofrecido, sin embargo, ¡hay una mejor manera de orar!

En vez de toda esa basura, honra a Dios orando así: "Padre, gracias que Tú amas a mi país mucho más de lo que yo podría amarlo. Perdóname por sentir que tengo que motivarte a que ames a la gente tanto como yo. Perdona mi actitud arrogante y presuntuosa. Perdóname por tomar el lugar de Cristo y por tratar de convertirme en un mediador entre Tú y los otros. ¡Ahora me doy cuenta de esto y me arrepiento! Yo sé que Tú amas apasionadamente a mi familia, a mis amigos, a mis compañeros de trabajo, y a mis vecinos, así que me entrego a Ti con un corazón dispuesto para que obres a través de mí. Muéstrame a quién quieres que hoy le hable de tu Palabra. Dame sabiduría, ¡y con valentía declararé Tu verdad y Tu amor! ¡Gracias Padre, Tú eres muy bueno! Amén".

Ahora, da un paso de fe y salte del clóset. ¡El Espíritu Santo te está guiando, pero es tu responsabilidad creer, ir y hacer!

[2] N. T. Véase Éxodo 12:22

CAPÍTULO 11

Obstáculos en el Camino al Infierno

Me gustaría ofrecerte algunas sugerencias con base en Las Escrituras para orar eficazmente por alguien que no es salvo.

La Palabra de Dios revela la presencia del engaño demoníaco en la vida de un incrédulo.

> *En los cuales el dios de este siglo cegó el entendimiento de los incrédulos, para que no les resplandezca la luz del evangelio de la gloria de Cristo, el cual es la imagen de Dios.*
>
> 2 Corintios 4:4

A la luz de esta verdad, cuando ores por esa persona empieza alabando a Dios y luego ata esa ceguera espiritual orando así: "Padre, Tú no quieres que ninguno perezca, sino que todos procedan al arrepentimiento y a conocerte a Ti (2 P.3:9). ¡Tú amas a esta persona más de lo que yo la amo, por lo tanto no tengo que rogarte. Gracias porque la amas. Como sé que hay un engaño demoníaco de por medio, ato esta ceguera espiritual en el nombre de Jesucristo!" Esto no quita la ceguera, sino que mejorará la situación temporalmente. La persona por la que estás orando tiene más control sobre su vida del que tú tienes; sin embargo si está influenciada por un engaño, ¡quebrántalo!

Anular la Oración

Como el que no es salvo tiene el derecho de anular tu oración, posiblemente tengas que orar muchas veces. Es diferente cuando oras pidiendo algo por ti mismo como la sanidad. Cuando oras por ti mismo, solo pides una vez. Si pides dos veces, entonces por lo menos una de esas veces oraste con incredulidad. Sin embargo, cuando oras para que otra persona sea salva, ellos están bajo la influencia de un engaño. Tú puedes contrarrestar ese engaño, pero después la persona puede anular tu oración. Conforme el Señor empiece a mostrarles su error, ellos podrían pensar: "Oye, ¿qué es esto? Siento ganas de ir a la iglesia, de empezar a estudiar la Biblia, y de empezar a relacionarme con Dios. Debe ser el diablo. ¡Dame otra cerveza!" Cuando ellos rechazan la invitación del Espíritu Santo, anularon tu oración. No es que Dios no contestó. Él lo hizo, pero ellos rechazaron Su respuesta. Así que debes orar esa oración otra vez y continuar orando hasta que veas la manifestación. No dudes que Dios ha contestado, pero date cuenta que la otra persona está anulando tu oración.

Después de atar la ceguera espiritual y el engaño demoníaco en ellos, recuerda que deben ser renacidos de la semilla incorruptible de La Palabra de Dios (1 P.1:23). Ora Mateo 9:38: "Padre, te pido que mandes obreros por su camino. Tiene que escuchar tu Palabra, así que declaro mi fe y suelto Tu poder para que te encuentren a través de la televisión, el radio, la internet, mensajes de audio, libros, anuncios, y de las personas. Permite que un creyente lleno del Espíritu Santo entre a ese bar ahora mismo y que empiece a ministrarles. Permite que un Cristiano apasionado en su trabajo les hable de Tu Palabra".

Dios quiere hacer todas estas cosas, pero Él debe fluir a través de la gente.

Dios quiere hacer todas estas cosas, pero Él debe fluir a través de la gente. Él necesita a alguien aquí en la tierra con un cuerpo físico que lo haga. Si la persona que no es salva no está invitando a Dios a su vida, necesita a alguien que ore por ella que lo haga. ¡No necesita alguien que le ruegue a Dios como si Dios no la amara. Necesita a alguien que declare y que suelte estas cosas por fe!

¡Ya que hiciste eso, entonces ofrece tus servicios de obrero del Señor! Nunca ores para que alguien haga lo que tú puedes hacer. ¡Si tú puedes hablar con el incrédulo, hazlo! Habla la verdad con amor.

Tú no puedes detener el pecado en la vida de otra persona o orar para que sus pecados sean perdonados, pero puedes tratar con las consecuencias negativas del pecado en su vida.

Ellos deben escuchar La Palabra de Dios porque eso es lo que los libertará. Ora para que se crucen con la verdad en su camino.

Mas el consolador, el Espíritu Santo, a quien el Padre enviará en mi nombre, él os enseñará todas las cosas, y os recordará todo lo que yo os he dicho.

Juan 14:26

Dios ha estado tratando con todas las personas que no son salvas a todo lo largo de sus vidas. Él ha puesto obstáculos en su camino al infierno hablándoles tanto como puede. Ora para que Él les traiga a la memoria esas cosas que ellos ya han recibido. A lo mejor es una cita bíblica que aprendieron en su niñez. A lo mejor es una cita bíblica que escucharon en la iglesia como: "Porque tuyo es el reino, el poder y la gloria, por los siglos de los siglos. Amén". Conforme el Espíritu Santo les recuerde esos versículos ("obreros" que se crucen por su camino), ellos se darán cuenta que necesitan salvación.

Remitir

Tú no puedes recibir perdón por los pecados de otra persona, pero sí puedes remitirlos.

A quienes remitiereis los pecados, le son remitidos;
y a quienes se los retuviereis, le son retenidos.
Juan 20:23

La palabra remitir habla de los efectos del pecado. Tú no puedes detener el pecado en la vida de otra persona o orar para que sus pecados sean perdonados, pero puedes tratar con las consecuencias negativas del pecado en su vida.

Si esa persona está viviendo en la inmoralidad sexual, podrían estar exponiéndose a toda clase de enfermedades sexuales transmisibles. Tú podrías orar así: "¡Padre, reconozco que ellos en forma personal deben recibir Tu perdón por sus pecados, sin embargo, voy a interceder en contra de los efectos negativos de esos pecados con base en Juan 20:23. ¡Satanás, aunque ellos te han abierto la puerta, tú no les vas a dar ninguna enfermedad sexual transmisible. Yo reprendo el sida. Ellos no lo van a cosechar en el nombre de Jesús!"

Tu oración puede darles cierta protección, pero ellos pueden anularla. Si lo hacen, tendrás que volver a orar al día siguiente. Solo continúa soltando Su poder y protección en sus vidas hasta que respondan positivamente. A fin de cuentas, tú no puedes hacer que ellos reciban al Señor, pero si puedes ejercer una presión espiritual positiva en ellos al desatar el poder de Dios en sus vidas.

Hasta Jesucristo, el perfecto intercesor, no pudo convencer a la gente o liberarlos solo por Su fe.

¡Jerusalén, Jerusalén, que matas a los profetas, y apedreas a los que te son enviados! ¡Cuántas veces quise juntar a tus hijos, como la gallina junta a sus polluelos debajo de las alas, y no quisiste!

Mateo 23:37

"¡Muchas veces quise bendecirte y ministrarte, pero tú no lo permitiste!" Todo lo que puedes hacer es ser un canal para que el poder de Dios fluya a través de ti y que toque a la gente, porque a fin de cuentas ellos deben escoger al Señor por ellos mismos.

Pablo repitió esta verdad en 1 Corintios 7:16:

Porque ¿qué sabes tú, oh mujer, si quizá harás salvo a tu marido? ¿O qué sabes tu, oh marido, si quizá harás salva a tu mujer?

¡No dejes a tu cónyuge si es incrédulo! ¿Cómo sabes si tu influencia lo va persuadir a ser salvo (a)? Si continúas amándolo y orando por él (ella), posiblemente le abran su corazón al Señor. No puedes "exigir" su salvación o forzarlo a eso, sino que Dios te usará para que vea que necesita salvación. Verá y escuchará la verdad a través de ti, pero él (ella) mismo debe escoger si se quiere ir al infierno o no, porque Dios no obliga a nadie a que reciban a Su Hijo como su salvador.

¡Una Barbacoa!

Antes de enseñar lo que la oración es, nuestro Señor Jesucristo invirtió mucho tiempo comunicando lo que la oración no es. ¡Eso es exactamente lo que he estado haciendo hasta aquí con este libro! Yo hubiera querido ser más cortés, amable, y delicado, pero considerando toda la rareza y perversidad respecto

La oración es comunión con Dios. Es amistad, relación, e intimidad con Él.

a la oración que hay en el cuerpo de Cristo hoy en día, el Señor me dijo: "Sencillamente no hay una manera fácil para destruir esto—¡así que destrúyelo!"

Cuando predico en un país extranjero, me he dado cuenta que es importante separarme de la cultura religiosa de ese lugar. En el norte de India, donde nuestra fe todavía no es muy predominante, hay muchas expresiones religiosas del Cristianismo que son tan paganas e impías como el Hinduismo que predomina ahí. Mientras visitaba, vi a la gente adorando en altares que tenían estatuas de Krishna, Buda, y Jesucristo todos en el mismo altar. Como verdaderamente hay millones de Dioses que se adoran en India, mucha gente estará muy dispuesta a "aceptar" a Jesucristo simplemente porque no querrían perderse la oportunidad de adorar a otra deidad. En culturas paganas como ésta, me separo de lo que no es verdadero Cristianismo antes de compartir qué es el Cristianismo.

Aquí en el Occidente, también tenemos una gran cantidad de expresiones religiosas del Cristianismo. A lo mejor no nos es tan obvio porque crecimos con esto, pero aun así son falsas. Algunas de estas actitudes y conceptos equivocados incluso han penetrado al movimiento carismático. Se invierte mucho esfuerzo y los resultados son muy pobres—o casi nulos. A la luz de esta realidad, ¡algo debe estar muy mal!

Hasta ahora, principalmente he estado combatiendo lo que está mal. Ahora que me he separado de la cultura religiosa predominante al hacer una barbacoa con todas estas vacas sagradas, me gustaría cambiar de dirección y empezar a mostrarte lo que la oración verdaderamente es.

CAPÍTULO 12

El Propósito Primordial de la Oración

La oración es comunión con Dios. Es amistad, relación, e intimidad con Él. La oración es conversación. Es un diálogo (en dos direcciones), no un monólogo. La oración consiste en hablar y en escuchar. El noventa y cinco por ciento del tiempo que paso en oración simplemente lo empleo en pensar, amar, y alabar a, y estar en la presencia del Señor—no es nada dramático ni especial. ¡La mayor parte de la oración consiste simplemente en platicar con Dios!

Ha habido ocasiones en que he ejercido mi autoridad sobre el diablo, he hecho guerra espiritual, he atado y desatado, y he visto milagros por eso; pero todo esto simplemente es una pequeña parte del total de mi vida de oración. ¡Sin embargo, comúnmente se enseña que estas cosas son muy importantes! La gente que me escucha predicar sobre la oración y decir que consiste principalmente en amar a Dios inmediatamente responden: "¡Oh no, eso es muy simple. Necesitamos fortalecernos en la 'oración'

> **Pedir y recibir es** *un* **propósito de la oración, pero definitivamente no es** *el* **propósito primordial de la oración.**

practicando con regularidad todas estas otras cosas!" No estoy de acuerdo.

Hoy en día la mayor parte de la enseñanza sobre la oración se centra en cómo pedir y recibir algo de parte de Dios. Se reduce a obtener las respuestas a tus oraciones, y si eres muy espiritual a recibir respuestas para otras personas (intercesión). Aunque es correcto pedir que tus necesidades sean satisfechas (Jn. 16:24), esto solamente debería ser una pequeña parte de tu vida de oración. Si ése es tu propósito primordial, entonces también es una de las principales razones por las que tus oraciones no son muy eficaces. Pedir y recibir es *un* propósito de la oración, pero definitivamente no es *el* propósito primordial de la oración. Dios quiere satisfacer tus necesidades, pero la expectativa de recibir algo de Su parte ¡no debería controlar tu vida de oración!

¡Añadidas en Forma Sobrenatural!

Si le dieras prioridad a lo principal—amar, adorar, y tener comunión con Dios—¡pronto descubrirías que no tendrías tantas necesidades! Cuando buscas primero el reino de Dios, las cosas te serán añadidas en forma sobrenatural.

> *Por tanto os digo: No os afanéis por vuestra vida, qué habéis de comer o qué habéis de beber; ni por vuestro cuerpo, qué habéis de vestir. ¿No es la vida más que el alimento, y el cuerpo más que el vestido?*
>
> Mateo 6:25

Muchas personas están totalmente ocupadas con la búsqueda de qué comer, o qué vestir, dónde vivir, etc., pero los creyentes no deberían ser así. Dios está totalmente consciente de que necesitas estas cosas físicas, pero Él te ha ordenado que "busques primeramente el reino de Dios y su justicia". Conforme lo haces, "todas estas cosas te serán añadidas" (Mt. 6:33). Cuando estás apasionadamente enamorado del Señor, Él cuida de ti—en forma sobrenatural—¡mejor de lo que tú podrías cuidar de ti mismo!

¡Tu perspectiva cambia cuando tú pones a Dios en primer lugar al alabarlo!

Cuando verdaderamente vives para amarlo, desatas dinámicas espirituales muy poderosas que afectan positivamente el fluir de la provisión a tu vida. A la mayoría de la gente le cuesta trabajo comprender esta verdad porque está más allá de lo que han experimentado. ¡Les pasa desapercibida! No se trata de que tu familia o tu trabajo sean lo principal y tu amor a Dios algo secundario, o de que solamente hagas que Dios añada "más calidad" a tu estilo de vida. Quiero decir que Dios es lo más importante, nada menos que el centro de tu vida.

Para un Cristiano común y corriente, el Señor simplemente representa algo extra en su vida llena de ocupaciones. Su enfoque es ganar dinero, criar los hijos, conservar su casa, adquirir más comodidades, y hacer muchas otras actividades mundanas. Como algo extra, tratan de añadir a Dios a la mezcla, pero definitivamente Él no es el elemento principal. Trabajan como esclavos porque la carga de producir riqueza la llevan a cuestas. Estresados, constantemente batallan llenos de preocupación porque ellos siempre están tratando de hacer que el dinero alcance.

Sin embargo, cuando Dios verdaderamente es el centro de tu vida, todo lo demás funciona. El Señor hace que funcione en forma sobrenatural. No puedo explicar como funciona, pero es una ley del reino. Cuando Dios te prospera, es sin esfuerzo. Sin embargo, he conocido muy pocos Cristianos que estén en este fluir divino. Cuando la esencia de tu corazón simplemente es ¡amar a Dios! te darás cuenta que Él tiene muchas maneras de hacer que las cosas funcionen.

La Alabanza Cambia tu Perspectiva

La gente me dice: "¡Andrew, parece que no te inquietas por nada. Aunque las cosas salgan mal eso no te altera!" ¡Es verdad! Hace algunos años tuve problemas con el contrato de nuestro edificio nuevo, parecía que no íbamos a poder cerrar el trato. Yo no me molesté por eso porque amo a Dios y sabía que Él arreglaría la situación de alguna manera. Simplemente era otro obstáculo y una molestia. Todo lo que el diablo puede hacer es molestarte; él no puede detener nada. Quedarme despierto hasta la medianoche bombardeando el cielo no habría ayudado, así que me fui a dormir. ¡No iba a permitir que eso cambiara mi vida! Al día siguiente me informaron que todo había salido bien con relación al contrato y que estábamos nuevamente trabajando como siempre. ¡Aleluya!

¡Tu perspectiva cambia cuando tú pones a Dios en primer lugar al alabarlo! Muchas de tus preocupaciones dejarán de ser problemas. Conforme pasas tiempo con el Rey de reyes y Señor de señores, Su actitud se convierte en tu actitud. Toda tu forma de pensar cambia por Su influencia. ¡Ya no estás molesto por las cosas que molestan a otros y que hacen que se pasen días, semanas, meses, y hasta años orando por eso!

Cuando surgen problemas, muchas personas sienten que tienen que arreglarlos. Personalmente, no siento que tengo que arreglar nada. Dios es mi proveedor y yo mantengo mi enfoque en Él. Cuando la adversidad toca a mi puerta, le digo a mis empleados: "Pongan mucha atención, voy a buscar primero Su reino, y todo va a salir bien. Cuando la tormenta pase, veremos esta situación y diremos: '¡Dios nos bendijo—y fue maravilloso cómo lo hizo!'"

"¡Nunca le Pido Dinero a Dios!"

Si pusieras a Dios en primer lugar y simplemente lo amaras, no tendrías que pasar tanto tiempo pidiéndole que te dé dinero. ¡Hay un fluir divino sobrenatural! El Ministerio Andrew Wommack debe tener $720,000 dólares cada mes (verano del 2005) para cubrir nuestros gastos. ¡Eso quiere decir $24,000 dólares por día! Simplemente para hacer lo que tenemos que hacer, se requieren $1,000 dólares por cada hora de cada día de la semana—y esta cifra se va a incrementar. El Señor me ha mostrado que pronto voy a tener que aumentar a un millón de dólares por mes. ¡Eso es casi $ 1,400 dólares cada hora de todos los días! Sin embargo no le he pedido nada de dinero a Dios en años.

Nunca le pido dinero a Dios. No oro para que Él incremente nuestros ingresos. Simplemente digo: "¡Dios, como necesitamos más dinero, debo estar pensando limitadamente, necesito ampliar mi visión!" Luego medito en las citas bíblicas sobre el hecho de que Dios provee a mi necesidad; pero no oro, hago presión, ni le ruego a Él por más dinero.

Si enfrentamos un problema de dinero, en primer lugar me aseguraré de que no estoy haciendo algo según la carne. Cuando esté convencido de que estoy haciendo lo que Dios me dijo que hiciera, simplemente empezaré a motivarme a mí mismo y a recordarme que Dios es mi Proveedor. Me diré a mí mismo, ¡Dios es fiel! Hasta usaré Las Escrituras y me predicaré a mí mismo, pero nunca le pido dinero.

Ver el resplandor de la gloria de Dios te hace ciego para otras cosas.

A lo mejor eso te parece extraño, pero La Palabra dice: "¡Busca primero el reino de Dios, y todas estas cosas te serán añadidas!" Me he pasado décadas sin pedirle al Señor ni un centavo, sin embargo Él está bendiciendo nuestro ministerio más que nunca. Está funcionando mucho mejor que cuando pido y ruego. En oración, simplemente digo: "¡Padre, te amo! Tú eres lo más importante en mi vida". Si tú simplemente lo amaras y convivieras con Él, Él añadiría en forma sobrenatural todo lo que necesitas. ¡No tendrías que aprender a "atar la pobreza" y todo lo demás porque harías las cosas mejor sin proponértelo de lo que lo haz hecho a propósito!

¿Bendecido u Oprimido?

El estrés no sería parte de tu vida si estuvieras constantemente en la presencia de Dios amándolo y adorándolo. Yo no tengo nada de estrés en mi vida; ¡estoy muy bendecido para estar oprimido! No estoy molesto por las situaciones simplemente porque no vale la pena. La gente me critica y hablan mal de mí, ¡pero nadie va a alquilar un espacio en mi mente! Tengo cosas más importantes en qué pensar que en sus críticas. Comparados con la realización de la visión que Dios ha puesto en mi corazón, los críticos no son tan importantes para mí. Los amo y no quiero molestar a nadie, pero en mi vida hay cosas más importantes que ellos—yo—y lo que dicen sobre mí. Cuando la gente me critica, permanezco enfocado en amar a Dios. No tengo que orar: "Padre, ¿escuchaste lo que dijeron de mí?" Simplemente no importa porque en primer lugar estoy buscando Su reino y Su justicia. No estoy preocupado, deprimido, o derrotado. Busco a Dios y soy un hombre feliz. ¡Verdaderamente lo soy!

"¡Bueno, Andrew, es porque tú no tienes ningún problema!" ¡Tengo problemas como cualquier otra persona! De hecho, las personas en el ministerio normalmente tienen más problemas que otros, porque es como si estuvieran marcados con los círculos concéntricos del tiro al blanco en la espalda en el ámbito espiritual.

> **Cuando magnificas a Dios, descubres cuán insignificantes son en realidad tus problemas.**

El diablo ataca a los ministros con toda clase de cosas. Si yo quisiera podría obsesionarme tanto como los demás porque a mí también me han sucedido cosas muy malas. Las palabras de una canción expresan esto muy bien: "Voltea tus ojos a Jesús, mira con atención Su maravilloso semblante, y las cosas de la Tierra palidecerán ante la luz de Su gloria y Su gracia". Ver el resplandor de la gloria de Dios te hace ciego para otras cosas. Yo no tengo las inquietudes y preocupaciones que otras gentes tienen porque yo no veo lo que ellos ven. Es porque el 99 por ciento de mi vida de oración se reduce a decir: "¡Padre, te amo. Eres maravilloso!" Simplemente me mantengo en comunión y platico con Dios, que a fin de cuentas esto es la oración. En realidad no le pido mucho.

¡Ungido!

Nunca oro por las reuniones. Muchos ministros tienen intercesores que agonizan y sufren dolores de parto para "limpiar el ambiente". Le piden a Dios que atraiga a la gente y ruegan así: "¡Oh Dios, por favor permite que Tu unción esté presente allí!" ¡Eso es un insulto para Dios!

Si el Señor me ha llamado a ministrar Su Palabra, sería injusto si no me diera lo que necesito para hacer la obra. Jesucristo declaró:

*"El Espíritu del Señor está sobre mí, por cuanto me
ha [tiempo pasado-ya lo hizo] ungido..."*
Lucas 4:18, (los corchetes son míos).

Nunca le pido a Dios que me unja porque Su Palabra dice
que Él ya lo ha hecho (1 Jn. 2:20). Yo oro así: "Padre, gracias
porque vamos a tener una buena reunión ya que voy a declarar la
verdad que Tú le has revelado a mi corazón". ¡La Palabra de Dios
ya está ungida!

El Señor quiere cambiar las vidas de las personas aun más de
lo que yo quiero. No tengo que pedirle que se interese por una
serie de reuniones de evangelización; Él ya lo ha hecho. Trato de
interesarme por esas reuniones tanto como Él. Con la oración,
me recuerdo a mí mismo esto: "¡Dios, Tú amas a estas personas
y quieres verlas libres!" Me motivo y me hablo a mí mismo de
esta manera.

Sea grande o pequeño el tamaño de la audiencia no me
preocupa. En mis primeros dos años de predicador, el grupo más
numeroso que tuve fue de quince personas. Cada semana por
tres noches le ministraba a Jamie mi esposa, a Josué (nuestro hijo
mayor), y a otra pareja que estaba con nosotros en ese tiempo. De
vez en cuando alguien más venía, pero a mí no me importaba.
¡Yo predicaba de todo corazón! Hoy veo esa época como un
buen entrenamiento. En realidad no me importa el tamaño de
la reunión. ¡Si consiste en más de diez o quince personas, lo
considero una multitud!

Obsesiones Sin Importancia

Marta estaba obsesionada con los quehaceres, pero María se
sentó a los pies del Señor conviviendo con Él y escuchándolo.
Martha estaba preocupada por la comida y quería que Jesucristo

obligara a su hermana a ayudar, pero en cambio Él le dijo que María había escogido sabiamente, y que la buena parte que había escogido no le sería quitada (Lc. 10:38-42). ¿Todavía estás obsesionado con los quehaceres, o has escogido sabiamente?

¡Si amar a Dios y comunicarte con Él no es tu objetivo primordial en la oración, te estás perdiendo de lo que el Cristianismo es en realidad!

La oración es primordialmente para amar a Dios, no para satisfacer tus necesidades. No irrumpas ante Su presencia con tu carrito de supermercado listo para recorrer los pasillos del cielo diciendo: "¡Me llamo Dame y me apellido Más, Dame Más, Dame Más!".[3] En lugar de eso, pásate diez minutos amando a Dios y te preguntarás: "¿Cuál era el problema que tenía?" porque tu problema se desvanecerá.

Cuando magnificas a Dios, descubres cuán insignificantes son en realidad tus problemas. "¡Padre, había algo que te iba a pedir, pero se me olvidó que era. No vale la pena molestarte con eso porque ya pasará. Es insignificante!" ¡Te darás cuenta que el 90 por ciento de las cosas por las que te has obsesionado no tienen importancia!

La gente usa la oración como un recurso para asegurarse la atención de Dios y para torcerle el brazo para que les dé cosas que no sirven para nada. Por ejemplo, cuando asistes a una conferencia de evangelización, Satanás hace cosas para tratar de robarte La Palabra. Algo sucede en tu casa, tu carro, tu cuarto de hotel, o el aire acondicionado, o en el excusado, etc. Te obsesionas con estas cosas y empiezas a usar tu fe enérgicamente para arreglarlas. Sin embargo, ¡una semana después ya ni te acuerdas qué era lo que te había molestado tanto! Si escribieras un diario y lo leyeras pasado un año, pensarías: "¡Eso no fue un gran problema, sin embargo me pasé una hora en oración pidiéndole a Dios que me ayudara a resolverlo!"

¡A menudo actuamos como niños consentidos y malcriados que buscan la ayuda de Dios! "¡Padre, esta persona criticó mi ropa. No le gustó cómo me veía!" ¡A quién le importa! "¡Tengo ojeras. No puedo continuar hasta que Dios me las quite!" Sólo es tu traje terrenal. Acéptalo. ¿Quiere decir que a Dios no le importan estas cosas? Sí le importan, pero si enfocas tu atención en amarlo, descubrirás que en realidad no son tan importantes. ¡Si simplemente enfocaras tus pensamientos y tu afecto en el Señor estarías mejor sin proponértelo de lo que lo has estado a propósito!

Ha habido gente en las filas de oración que se acerca a mí llorando ruidosamente y chillando. Después de que responden entre sollozos a mi pregunta: "¿Cuál es el problema?" muchas veces he tenido que morderme los labios para no soltar una carcajada. En mi interior me pregunto: "¿Verdaderamente estás llorando por eso?" ¡A mí me han sucedido cosas peores cuando tengo un buen día!

Amando a Dios

Tu vida se estabilizará en la medida que te acerques a la presencia de Dios y primordialmente uses la oración para amarlo y adorarlo. Tendrás un panorama completamente nuevo. Pensarás diferente que aquellos que no lo aman ni lo adoran. Si dejaras de pedir cosas y simplemente empezaras a amarlo empezarías a ver que todo en tu vida mejoraría. Es cierto que el Señor dijo: "Pide, y se te dará", ¡pero ése no es el objetivo de la oración!

¡La oración simplemente es amar a Dios! Es decir: "¡Padre, Tú eres un Dios bueno! ¡Te adoro! ¡Eres maravilloso!" Acércate a Su presencia con mucha alabanza y agradecimiento. El canto y la adoración también deberían cubrir gran parte de la oración, pero la mayoría de la gente le da muy poco a Dios. En cambio sus oraciones se consumen tomando algo: "¡Dios, no tengo nada que darte, pero necesito esto y esto. Por favor mándamelo rápido!" ¡Si amar a Dios y comunicarte con Él no es tu objetivo primordial en la oración, te estás perdiendo de lo que el Cristianismo es en realidad!

---

[3] En el original: *Gimme, gimme, gimme. My name is Jimmy, My middle name is More, Jimmy More, Jimmy More.* N. del T.

CAPÍTULO 13

La Intimidad: La Esencia de la Salvación

Porque de tal manera amó Dios al mundo, que ha dado a su Hijo unigénito, para que todo aquel que en él cree, no se pierda, mas tenga vida eterna.

Juan 3:16

¡La mayoría de los Cristianos están tan familiarizados con Juan 3:16 que en realidad no saben lo que dice! Con frecuencia se usa para declarar: "¡Dios vino y perdonó tus pecados para que puedas ser vuelto a nacer y que te escapes del infierno!" Sin embargo, si estudiamos esto con más detenimiento vemos que "no perderse" no es la meta de la salvación—¡la vida eterna sí lo es!

Desafortunadamente, "vida eterna" para la mayoría de la gente sólo es un cliché religioso que significa "vivir por siempre en el cielo". Sin embargo, la vida eterna verdaderamente empieza en el momento en que vuelves a nacer (Jn. 3:36). Es una realidad presente—no futura. Si eres un creyente, ¡la vida eterna es ahora!

Conocimiento Personal Íntimo

¿Qué es la vida eterna? Jesucristo, Su autor, la define así:

> Y esta es la vida eterna: que te conozcan a ti,
> el único Dios verdadero, y a Jesucristo, a quien
> has enviado.
>
> Juan 17:3

¡La vida eterna es conocer a Dios el Padre y a Su Hijo Jesucristo!

La palabra "conocer" en el lenguaje original, habla de un conocimiento íntimo, personal, y vivencial. No solamente se refiere a "a estar enterado de algo"; eso es cuando puedes describir ciertas características sobre algo o alguien, como saber el nombre de una persona famosa, dónde nació, y el color de su cabello, sin que nunca la hayas conocido personalmente. La palabra "conocer" en Juan 17:3 se refiere a "conocer" en el sentido bíblico. (En Génesis 4:1, Adán conoció a su esposa Eva, quien a su vez concibió y dio a luz a un hijo). ¡Es la relación más íntima de todas! Jesucristo murió para hacer posible la capacidad de conocer íntimamente tanto a Él como al Padre ahora, en esta vida, no solamente en un tiempo futuro en el cielo. ¡Ésta es la meta de la salvación!

La iglesia ha abaratado, debilitado, y destruido la esencia del evangelio al predicar: "¡Arrepiéntete o quémate!" y "¡Elude el infierno—sé vuelto a nacer!" Es verdad que aquellos que no reciben a Jesucristo irán al infierno, y que eso, por sí solo es razón suficiente para fundar nuestras vidas en una evangelización entusiasta. Sin embargo Las Escrituras revelan que eso no es la verdadera meta del evangelio.

Jesucristo dio Su vida para que tú y yo pudiéramos conocerlo de una manera íntima y personal.

Jesucristo dio Su vida para que tú y yo pudiéramos conocerlo de una manera íntima y personal. Si todo lo que has recibido es el perdón de tus pecados para que no vayas al infierno, todavía no has experimentado el verdadero objetivo de la salvación. Aunque evadir el infierno es un gran beneficio, ¡no es la esencia del evangelio! Si todo lo que has recibido es el perdón de tus pecados, te has perdido del objetivo primordial de la salvación.

La salvación total es ser capaz de tener una relación tan íntima con Dios, que Él sea tu mejor amigo, la persona más cercana a ti—más real que inclusive tu cónyuge o tus hijos. Si todavía no estás experimentando esta clase de relación con Dios, te estás perdiendo de lo que la vida eterna verdaderamente es.

El pecado no fue el objetivo primordial de la venida de Cristo; simplemente era una barrera que se interponía entre la humanidad y Dios. Jesucristo tomó nuestro pecado en la cruz y quitó para siempre esa barrera. Sin embargo, Su objetivo primordial no era vencer el pecado, sino restaurarnos para que podamos tener una relación íntima y personal con Dios. Ésta es la vida eterna que Jesucristo vino a proveer.

Leones Hambrientos y Teas Humanas

La razón por la que la iglesia del primer siglo tuvo mejores resultados que la iglesia de este siglo es que ¡ellos experimentaron esta clase de vida eterna! Ese grupo de siervos andrajosos e incultos cambió el mundo, sin la ayuda de los medios de comunicación modernos. El evangelio se difundió por el mundo tan rápido como un incendio forestal debido a la evangelización tan apasionada de esos primeros treinta años. ¿Qué ocasionó este gran impacto? ¡El carácter contagioso de su intimidad con Dios!

Él no te está reprochando tus pecados sino que te ve a través de tu espíritu justo y renacido.

Cuando tenía 18 años de edad, mi mamá me llevó a Roma. Vi las catacumbas, el Coliseo, y el Circo Máximo (escenario de la carrera de carros romanos de guerra de Ben-Hur).[4] En el Circo Máximo los Romanos mataban gente quemándola en la estaca o echándola a los leones (entre otras cosas). Como odiaban tanto a los Cristianos, también profanaban sus tumbas. Por eso muchos creyentes enterraban a sus difuntos en pasajes subterráneos llamados "catacumbas".

Una de las inscripciones que leí en las catacumbas me impresionó profundamente. Decía: "Aquí descansan mi esposa y mi hija de seis meses quienes hoy dieron sus vidas para la gloria de Dios en el Circo Máximo". Pude ver claramente el orgullo y el gozo de este hombre. ¡Su esposa y su hija fueron martirizadas para la gloria de Dios!

Antes de que los quemaran vivos, atravesaban sus cuerpos con estacas. Empalados y llenos de dolor, los cantos llenos de gozo de estos Cristianos hacían que el cruel Emperador Nerón literalmente se tapara los oídos con sus dedos y que gritara: "¡Dios mío, ¿por qué cantan estos Cristianos?!" Los creyentes verdaderamente se peleaban entre ellos para ver quién recibiría el honor de ser escogido para morir ese día para la gloria de Dios. La mayoría de los Cristianos occidentales hoy en día estaría tan llena de egocentrismo y temor que pensaría: ¡Qué será de mí!

Es un hecho histórico que por cada Cristiano que moría allí, cerca de siete Romanos saltaban de las gradas para tomar su lugar. Ellos también eran masacrados inmediatamente por los leones o empalados. Era el gozo, la paz, y el amor que emanaba de los rostros de estos creyentes mientras morían gozosos por su amado lo que provocaba que algunos Romanos arriesgaran sus vidas para poder tener relación con alguien así. También es una de las razones por las que los Romanos dejaron de hacer estas cosas en el Circo Máximo.

"¡Dios Mío, Provee a Mis Necesidades!"

¡Hoy en día, difícilmente hay un Cristiano entre mil que tenga esa clase de actitud! La mayoría de los creyentes tiene una relación con Dios que es superficial y egocéntrica. Éste es su lamento constante: "¡Dios mío, provee a mis necesidades!" No estoy sugiriendo que Dios quiere que todos seamos mártires, pero definitivamente nuestro enfoque debe cambiar.

Conforme lo busques con un corazón lleno de amor, adoración y gratitud, experimentarás el gozo y la paz de Dios a tal grado que no te molestaría si te embargaran la casa o el carro. Dirías, "¡¿A quién le importa? Dios va a cuidar de mí. Además, tengo una mansión en el cielo donde las calles están pavimentadas con oro!" Si pudieras obtener esa clase de actitud, la prosperidad no sería un problema. ¡No tendrías que invertir nada de tiempo orando por tus necesidades!

La salvación se ha devaluado hasta convertirse solamente en una oportunidad para pedirle a nuestro Padre en el cielo que cubra todas nuestras necesidades. Cuando la mayoría de la gente vino al Señor, vinieron por razones egoístas—especialmente aquellos que solamente estaban huyendo del juicio.

Deberíamos estar hablándole a la gente sobre la grandeza, la bondad, y la gracia de Dios. Él ya no está enojado con nosotros porque Su propio Hijo llevó sobre sí el pecado, el juicio, y el castigo que merecíamos para que podamos tener intimidad con Él. ¡Qué grande es el amor de Dios para nosotros! ¡Si predicáramos eso, la gente saltaría en tropel de las gradas para unirse a nosotros!

En cambio se predica: "¡Arrepiéntete o quémate!" y la gente ve a Dios como su "seguro contra incendios". Una vez que a los nuevos conversos se les asegura que verdaderamente han eludido el infierno, la mayoría no le dedica a Dios mucho tiempo ni esfuerzo. Se les instruye que "ahí aguanten", sirviendo al Señor solamente lo necesario para ganarse el cielo.

La fe viene por el oír, y el oír por La Palabra de Dios. Cuando a la gente se le enseña que la razón por la que debería ser salva es eludir el infierno y que Dios provea a todas sus necesidades, entonces sólo tendrán fe para eso. Si ésa es la meta, servirán al Señor solamente lo suficiente para obtener lo que quieren. Luego, cuando empiezan a prosperar, se olvidan de Dios. ¿Te parece familiar? ¡Así es como la salvación se ha predicado!

¿Las Bendiciones, Vendrán Sobre Ti o Tú las Alcanzarás?

¡Dios te ama tanto que dio a Su propio Hijo por ti! Él no está enojado contigo sino que desea la intimidad contigo más de lo que podrías imaginarte. Él no te está reprochando tus pecados sino que te ve a través de tu espíritu justo y renacido. ¡Dios todopoderoso quiere tener amistad contigo porque Él te ama!

Como la mayoría de los creyentes ignora esta verdad, no están disfrutando una relación muy íntima con Dios. Toda la vida Cristiana—específicamente la oración—se ha reducido a: "¿Cómo puedo hacer que Dios haga esto? ¿Cómo puedo recibir esto de parte de Dios? ¿Cómo puedo hacer que haga esto para alguien más?" ¡No estamos usando la oración como debe ser usada!

La oración es comunión y amistad con Dios. Es decir: "¡Padre, te amo!" y escucharlo contestar: "¡Yo también te amo a ti!" Es escucharlo en tu corazón y sentir Su gozo cuando pasas tiempo con Él. Si hicieras eso, no tendrías que pasar mucho tiempo pidiéndole cosas porque las cosas se manifestarían en forma sobrenatural.

> **Dios no está tan interesado en lo que haces como en quién eres.**

La Palabra revela que todas las bendiciones de Dios deberían venir sobre nosotros y alcanzarnos (Dt. 28:2). ¡No he visto a muchos Cristianos que estén siendo perseguidos por las bendiciones, pero verdaderamente hay muchos creyentes persiguiendo a las bendiciones! La gente viene a mis reuniones con la lengua de fuera de cansancio, y dicen: "Aquí estoy en otra reunión tratando de obligar a Dios a que haga algo". Simplemente detente, y empieza a amar a Dios, diciendo: "¡Padre, lo siento. Sí, hay cosas que necesito en mi vida, pero no hay problema. Mi necesidad primordial es amarte, tener amistad contigo, y saber que Tú me amas. Te alabo!" ¡Tu vida sufriría una transformación radical!

Por otro lado, la vida Cristiana es una lucha difícil y dolorosa cuando el 95 por ciento de tu vida de oración se resume en pedir cosas, arrepentirte, llorar ruidosamente y chillar, quejarte, decirle a Dios lo que el doctor te dijo, informarle sobre tus cuentas por pagar, y así sucesivamente. Te estás perdiendo de lo que el Cristianismo es en realidad: ¡Amar y conocer a Dios!

¡Dios Te Quiere a Ti!

Dios no está tan interesado en lo que haces como en quién eres. Él quiere tu amistad más que tu servicio, pero la iglesia ha enfatizado: "¡Haz una obra para Dios!" Pensamos que Su amor y aceptación por nosotros son directamente proporcionales a la calidad de nuestra actuación. Nos hemos convertido en "seres

¡Él te quiere a ti muchísimo más que tu servicio!

que hacen" en vez de "seres humanos".[5] Nos sentimos obligados a servirle porque sentimos que le debemos algo. Esta forma de pensar que se enfoca en "lo que le debemos" es lo que nos da la impresión de que: "¡Tengo que hacer algo por Dios!"

Si le das a Dios tu corazón, a él no se le dificultará obtener tu servicio. ¡Pero tu servicio, nunca podrá reemplazar una relación íntima con Él! Si el Señor tiene tu corazón, también tendrá tu cartera. Sin embargo, el dinero que das, nunca podrá reemplazar tu adoración. ¡Dios te quiere a ti!

Una vez escuché a un ministro predicar apasionadamente así: "¡La única razón de nuestra existencia es evangelizar a otros!" Si eso fuera verdad, entonces ¿cuál hubiera sido la razón de la existencia de Eva y Adán? ¡Ellos no tenían a nadie a quién evangelizar! No había demonios que echar fuera, no necesitaban usar su fe para adquirir ropa, y no tenían que pedir por su comida a través de la oración. No era necesario que oraran: "El pan nuestro de cada día, dánoslo hoy" porque el clima era perfecto y la provisión era abundante (Mt. 6:11). Tampoco oraban para recibir sanidad en sus corazones quebrantados, o para olvidarse de recuerdos dolorosos, o porque tenían una familia desintegrada. Eva y Adán no tenían todas estas situaciones que ahora dominan a nuestro Cristianismo, sin embargo ¡ellos se reunían con Dios en el fresco de la tarde para conversar con Él!

> *Señor, digno eres de recibir la gloria y la honra y el poder; porque tú creaste todas las cosas, y por tu voluntad existen y fueron creadas.*
>
> Apocalipsis 4:11

¡Fuiste creado para complacer a Dios! Él te ama y quiere mostrarte lo mucho que te ama para que puedas decir: "¡Yo también te amo a ti!" Ésa es la razón por la que Dios te creó, no sólo para que hagas algo. Es cierto que Él quiere hacer cosas, pero tu servicio es un producto derivado de tu relación íntima con Él.

Muchos versículos revelan que Dios se disgusta cuando le damos nuestro servicio pero no le damos nuestro corazón. "¡Tus ofrendas apestan en mi nariz. Ya no las aguanto, quítalas de mi presencia!" Las ofrendas habían sido ordenadas por Dios, pero apestaban porque Su gente había tratado de substituir sus corazones por sus ofrendas. "De nada te sirve" dar todos tus bienes para alimentar a los pobres—incluso tu cuerpo para que sea quemado—si no tienes un corazón lleno de amor que respalde tus acciones (1 Co. 13). Podrías hablar lenguas humanas y angélicas o tener fe para mover montañas, pero si tu corazón no está en unión con Dios de nada te sirve. No hemos comprendido cuánto nos desea Dios. ¡Él te quiere a ti muchísimo más que tu servicio!

Una Razón Para Vivir

Hace más de veinticinco años, después de que me escuchó predicar este mensaje, una mujer que estaba en la cárcel me escribió esta carta manchada por sus lágrimas:

Querido Andrew,

Estoy en al área de los sentenciados a muerte por asesinato. Después de que cometí este crimen, he sido vuelta a nacer y he sido bautizada en el Espíritu Santo. Vivo en aislamiento sin alguien con quien hablar. Deslizan mi comida por debajo de una puerta, y nunca dejo mi celda. Me he pasado años pidiéndole a Dios que me mate, y le digo: "¡Por favor, solamente permíteme morir y que me vaya al cielo!"

¡Cuando tienes una relación íntima con Dios, Él es feliz y tú cambias!

¡Toda mi vida no he sido nada más que un problema! Deshonré a mi familia y arruiné mi matrimonio. Hasta mis hijos están avergonzados de mí y se niegan a verme. No sólo eso, sino que también asesiné a alguien y lastimé a la familia de esa persona. Aunque ahora soy vuelta a nacer y amo a Dios, aun así soy una carga para los ciudadanos que pagan impuestos. Por mucho tiempo he pensado que sería mejor que esta sanguijuela desapareciera. ¿A quién podría yo hablarle del Señor? Aquí donde estoy no hay ni un guarda ni otros prisioneros. ¡Sencillamente yo no tenía una razón para vivir!

Después de esto escuché tu mensaje en el radio. Por primera vez en mi vida, comprendí que soy vuelta a nacer porque Dios me ama. Y que puedo bendecirlo y ministrarle al decir: "¡Padre, te amo!" ¡Ahora tengo una razón para vivir!

Por primera vez en mi vida soy libre. ¡Soy más libre en esta celda de castigo de lo que me pude puede imaginar!

¡Esta hermana sentenciada a muerte experimenta más libertad que la mayoría de la gente que no está en prisión, simplemente porque descubrió que la esencia de la vida eterna es conocer a Dios íntimamente!

¡Cuando tienes una relación íntima con Dios, Él es feliz y tú cambias! Te llena de estabilidad y de fuerza. En vez de que tengas una crisis cuando enfrentes algo insignificante, podrás declarar con denuedo y con honestidad: "¡No importa lo que venga, voy a ganar porque Dios me ama!" Si esto no describe tu vida Cristiana, entonces es hora de cambiar tu enfoque primordial en la oración; ¡de proveer a tus necesidades a amar y adorar a Dios!

[4] Título de una película americana de mediados del siglo XX, con Charlton Heston. N. del T.

[5] "human doings" instead of "human beings" en el original. N. del T.

CAPÍTULO 14

¡Eres un Buen Padre!

*Bendice, alma mía, a Jehová, y bendiga todo mi
ser su santo nombre.*

Salmo 103:1

Simplemente decir las palabras "Bendice al Señor", no
necesariamente "bendice" al Señor.

En las Vegas, una mesera pagana fue vuelta a nacer y empezó
a escuchar que la gente hablaba sobre el bautismo en el Espíritu
Santo. Ella preguntó: "¿Qué es eso?" Le explicaron que es ser
lleno del poder de Dios y hablar en lenguas. Ella respondió: "Me
parece muy bien. ¿Cómo lo obtengo?" Le dijeron: "Simplemente
pídelo y luego empieza a bendecir al Señor". Así que se fue a su
casa sabiendo así de poquito.

Como le habían dicho que era un "bautismo", ella llenó su
tina de baño con agua y encendió velas alrededor del baño. En su
bañera, ella pidió este "bautismo en el Espíritu Santo" y empezó
a decir: "¡Bendice al Señor! ¡Bendice al Señor!" Así es como ella
interpretó lo que le habían dicho que hiciera. ¡Ella pensó que
tan sólo repetir específicamente esas palabras era "bendecir" al
Señor! El Señor sí honró su fe infantil y la bautizó en el Espíritu
Santo y le dio un lenguaje para orar completamente nuevo ese

Él quiere que lo bendigas porque ése es el propósito para el que fuiste creado.

día en el baño. Pero "bendecir al Señor" significa mucho más que simplemente decir esas palabras.

Ministrándole a Dios

"Bendecir" al Señor es ministrarle. Cuando dices con un corazón sincero: "¡Padre, te amo. Eres un Dios bueno!", eso lo bendice. Los profetas y maestros en Antioquía "ministraron al Señor" en Hechos 13:2. ¡No le estaban predicando a Dios o motivándolo para que se arrepintiera! Estaban adorándolo, alabándolo, y amándolo. Cualquier persona que ama tiene necesidad a su vez de ser amado. Es muy triste que el objeto de tu amor no te corresponda. Dios es amor y Él te ama. (1 Juan 4:8). ¡Cuando tú lo amas, eso lo bendice y le ministra!

Cuando mis hijos tenían 5 y 7 años de edad, un sábado los llevé a ellos y a sus amigos a pasear. Nos pasamos todo el día andando a caballo, jugando en el arroyo, y comiendo golosinas (algo especial que sucede cuando están lejos de su mamá). Al final del día, los limpié y después de leer la Biblia los metí en la cama. Cuando estaba apagando la luz para salir del cuarto, el menor de mis hijos dijo: "¡Papá, eres un buen padre!" ¡Eso me bendijo! Él no dijo: "¡Te bendigo Papá!" sino que me comunicó su agradecimiento y me dijo "te amo" a su manera. ¡Eso hizo que sintiera ganas de sacarlo de la cama para ir a andar a caballo otra vez!

Sucede lo mismo con nuestro Padre celestial. A lo mejor no te das cuenta, pero Dios necesita que le ministren. Él quiere que lo bendigas porque ése es el propósito para el que fuiste creado. Ora: "¡Padre, eres un buen Padre y un Dios maravilloso! Gracias por mi salud, gracias por permitirme vivir en este país, por las oportunidades que tengo, por mi trabajo". En vez de maldecir tu vida y hacer que las cosas empeoren, ¡agradécele porque todo está muy bien! ¡Dios se sentirá tan bendecido por tu amor y tu adoración que Él querrá sacarte de la cama para darte todo lo que crea que te puede bendecir! Esas bendiciones te alcanzarán. Los demás seguirán allí rogándole a Dios por estas cosas que están fluyendo en tu vida porque tú lo amas.

Pásate el 95 por ciento de tu tiempo de oración cantándole, alabándolo, y adorándolo. "¡Padre, te amo!" Y de vez en cuando di: "Ah, sí, el doctor dice que voy a morir, pero eso no es un gran problema. ¡Sería maravilloso estar contigo. Realmente es difícil para mí decidir si debería quedarme o no por lo maravilloso que eres!" En vez de pasarte todo el tiempo reprendiendo el temor y tronándote los dedos diciendo: "¡Dios mío, ayúdame a creer!" dirías: "¡Padre, no hay problema. Si muero, gano. Si me curo, gano. No puedo perder!" Ésa es la actitud que deberías tener. ¡Ninguna otra cosa debería importar!

¡Esto no es sólo para los "muy santos", esto es nivel de principiantes! Tan pronto como alguien vuelve a nacer se le debería decir: "Fuiste creado para tener una relación íntima con Dios. Ahora que eres salvo, puedes cumplir tu llamamiento correspondiendo al maravilloso amor que te ha mostrado. ¡Conforme continúes tu relación dándole tu amor y recibiendo el Suyo, resucita a alguien de los muertos, echa afuera algunos demonios, sana a algún enfermo, y cubre tus necesidades!" De veras, esas cosas son accesorias. ¡Si tú desarrollaras esta clase de actitud, nada podrá detenerte!

¡Acompañando el Ritmo con el Pie!

Y se le mostró a Pablo una visión de noche: un varón macedonio estaba en pie, rogándole y diciendo: Pasa a Macedonia y ayúdanos.

Hechos 16:9

Dios, en forma sobrenatural envió a Pablo y a Silas a Filipos (en la provincia de Macedonia) de acuerdo a la visión registrada en Hechos 16:9. Cuarenta y ocho horas después de su llegada recibieron una paliza que casi los mataba y luego los metieron a la parte más oscura de la prisión. Fue desde este lugar infestado de ratas y totalmente oscuro que ellos empezaron a cantar. Aunque el cepo en sus manos y pies les impedía curarse las heridas, estos varones alabaron a Dios.

Algunos Cristianos cuando están en situaciones difíciles son capaces de "alabar" a Dios aunque estén rechinando los dientes. Saben que alabar al Señor es fortaleza para "detener al enemigo y al vengador" (Salmo 8:2). Aunque quizá no es lo que sienten en sus corazones, están haciendo "guerra espiritual". Como la alabanza echa fuera a los demonios, se esfuerzan para sacar esos problemas de sus vidas "a través de la oración". ¡Mira, si ésa es la única razón que tienes para alabar a Dios, aun así es mejor alabarlo que afligirte y quejarte!

Cuando Pablo y Silas estaban en la prisión alabando a Dios, el Señor empezó a acompañar el ritmo con el pie. Eso provocó un terremoto que destruyó los cepos y abrió todas las puertas de las celdas. Sin embargo, en vez de huir, Pablo y Silas se quedaron allí. ¿Cómo puede ser esto? Aquí hay una verdad radical: ellos no estaban alabando a Dios solamente para resolver su problema; ¡Lo alabaron porque verdaderamente amaban al Señor! Con sus espaldas destrozadas, en ese lugar lleno de fango que les llegaba hasta los tobillos, ellos simplemente continuaron adorando y disfrutando la presencia gloriosa del Señor.

"Papá, me duele decirte esto, pero Pedro está muerto".

La mayoría de los Cristianos hoy, habrían huido de esa prisión tan pronto como hubieran podido. ¡Verdaderamente nosotros no amamos a Dios de esa manera! En otra ocasión, los discípulos salieron del concilio judío después de haber recibido una paliza, agradeciéndole al Señor y alabándolo por haber sido tenidos dignos de padecer afrenta por Su nombre (Hch. 5:41). Pedro fue crucificado de cabeza por su fe. Él pensó que no era merecedor de ser crucificado en la misma posición que el Señor Jesús. Nosotros nos amamos a nosotros mismos y estaríamos pensando en lo que personalmente podríamos perder a tal grado que no nos interesaríamos por nadie más. Tenemos que superar eso, y reconocer que la meta del Cristianismo es amar a Dios.

¡Resucitado de Entre los Muertos!

El propósito primordial de la oración es amar y adorar a Dios. Si tú buscaras Su reino en primer lugar y tuvieras amistad con Él, descubrirías que tus necesidades ya están cubiertas. No tendrías ningún "problema" porque nada te preocuparía. ¡En vez de estar deprimido, el gozo del Señor sería tu fortaleza!

> *Me mostrarás la senda de la vida; en tu presencia hay plenitud de gozo; delicias a tu diestra para siempre.*
>
> Salmo 16:11

Si estás deprimido, no estás en la presencia del Señor. Él está contigo, pero tú no estás con Él porque te has ocupado con otras cosas. ¡Regresa a la presencia de Dios y encontrarás plenitud de gozo!

Después de un viaje de ministerio al extranjero, mi esposa Jamie y yo finalmente habíamos llegado a casa y ya nos habíamos acostado a dormir cerca de la media noche. Cuatro horas después el teléfono sonó. Era Josué nuestro hijo mayor. Él nos dijo: "Papá, me duele decirte esto, pero Pedro está muerto".

Este enfoque en la oración reduce los problemas a algo tan pequeño que en realidad no son gran cosa.

"¿Muerto? ¿Qué sucedió?" Me dijo lo que había sucedido y yo declaré: "¡El primer diagnóstico no es el definitivo!" Después de que colgué el teléfono, Jamie y yo nos pasamos unos 30 segundos tomando autoridad y ordenando que la vida regresara al cuerpo de nuestro hijo. Luego alabamos, adoramos, y glorificamos a Dios por todo el camino hasta Colorado Springs.

Tuve los mismos pensamientos y sentimientos que cualquier otra persona tendría. Sin embargo, como mi corazón confiaba tanto en el Señor, no pude hacer nada más que orar así: "¡Padre, yo sé que Tú no mataste a mi hijo porque Tú eres un Dios bueno!" Continué alabando, adorando, y agradeciendo a Dios hasta que llegamos a Colorado Springs. Pedro ya se había puesto negro porque había estado muerto por cinco horas; pero cinco minutos después de que empezamos a orar de pronto se sentó. ¡Dios resucitó a nuestro hijo de entre los muertos! ¡Aleluya! ¡Gracias, Jesús!

Mi vida de oración se resume en amar a Dios. Cuando oro no pido o hago mucho; pero cosas maravillosas están sucediendo. Mi vida Cristiana es divertida, y no me preocupo por nada. La preocupación es una blasfemia contra las promesas de Dios. Su raíz es la falta de intimidad con el Señor. Me doy cuenta que esta manera de orar posiblemente no encaja con el modelo que estás usando, ¡pero hasta que obtengas mejores resultados, a lo mejor deberías intentarlo!

"¡Bien, Gracias a Ti, Andrew!"

Lo que estoy compartiendo es simple, pero muy profundo. Por supuesto, se requiere esfuerzo para negarse a sí mismo y enfocarse en amar a Dios. ¡Sin embargo, me he dado cuenta que cuando le ministro a Dios, yo soy más bendecido que Él! ¡No estoy seguro cómo funciona esto, pero Dios nunca me permite darle más de lo que Él me da! Conforme bendigo al Señor me emociono mucho, Él cuida de mí y me trata bien—mucho mejor de lo que merezco. ¡Yo me paso mi tiempo amándolo!

Algunas veces oro en lenguas por una o dos horas. Casi siempre es porque necesito sabiduría en algún área y oro en el Espíritu para sacarla. ¡Aun en esas ocasiones, alabo a Dios porque sé que la respuesta ya está en camino!

Nunca tendrías que llorar ruidosamente y chillar porque siempre estarías alabando y agradeciendo a Dios. *Sean conocidas vuestras peticiones delante de Dios en toda oración y ruego, con acción de gracias* (Fil. 4:6). Este enfoque en la oración reduce los problemas a algo tan pequeño que en realidad no son gran cosa.

Normalmente, esta clase de mensaje no promueve la venta de libros. Si yo tuviera otro mensaje titulado: "Siete pasos para hacer que Dios haga algo", todo el mundo compraría una copia porque eso es verdaderamente lo que quieren saber. Sin embargo los mejores resultados se obtienen de amar, agradecer, alabar, bendecir y adorar a Dios como la mayor prioridad de la vida. ¡Simplemente es estar en comunicación constante con Él todo el día!

Nada de lo que este mundo puede ofrecer puede compararse con la experiencia de sentir el gozo de Dios. Recuerdo una vez que Jamie y yo estábamos sentados al final de una conferencia de Kathryn Kuhlman. Éramos las dos últimas personas que quedaban, pero simplemente no podíamos irnos porque la presencia de Dios estaba allí. Enfrente de mis ojos las vidas de varias personas habían sido milagrosamente transformadas física y emocionalmente. Personas que sufrían habían sido conectadas con un Dios vivo, amoroso, y sanador. ¡Estaba totalmente asombrado!

He estado conmovido de esa manera muchas veces desde aquella ocasión. Una vez cuando estaba manejando de regreso a mi hotel después de una de mis reuniones, recuerdo que le estaba agradeciendo a Dios por lo maravilloso que era y por la forma como actuó a través de mí para impactar las vidas de las personas. Luego lo escuché decir: "¡Gracias a ti Andrew! Yo te agradezco que Me permitas usarte". ¡Eso me bendijo! Tú podrías pensar: "¡Dios nunca diría nada así!" ¡Sí lo haría! ¡Lo que pasa es que tú no lo conoces muy bien! Dios es bueno, y Él nos ama y nos aprecia.

¿Dispuesto a Cambiar?

¡Dios no sólo te ama; también le agradas! A lo mejor no has escuchado que te diga eso, pero es verdad. Él no es solamente tu creador que se sintió obligado a proveerte la salvación. Dios te aprecia. ¡Es una experiencia maravillosa decirle cuánto lo amas y que Él reaccione y haga lo mismo!

Toda tu vida de oración se transformaría si captaras la esencia de lo que estoy comunicando. Todo en tu vida cambiaría, y te convertirías en una persona totalmente diferente. ¡Amar a Dios es lo más importante! ¡Todo lo demás es secundario!

¿Te has perdido del verdadero propósito de la salvación? ¿Fuiste vuelto a nacer sólo para evadir el infierno? ¿Alguna vez has comprendido verdaderamente el amor de Dios y el deseo que tiene de conocerte íntimamente? ¡Claro! Tú le dices gracias de vez en cuando, pero alabar y adorar a Dios no es el objetivo primordial de tu oración. Tu enfoque ha sido algo diferente. Amigo, si éste eres tú, entonces necesitas arrepentirte y proponerte la verdadera meta de la salvación. ¡Necesitas empezar a amar y adorar a Dios!

> **Por eso a menudo se lleva tiempo para que lo que es verdad en el espíritu se manifieste en el mundo físico.**

Todos podemos amar más a Dios, pero ¿alguna vez te has comprometido con todo el corazón a hacerlo? ¿Estás dedicado principalmente a cuidar de ti y a orar para que tus necesidades sean satisfechas? A lo mejor hasta en algunas ocasiones oras por otros, pero la verdad es que tú no amas a Dios con todo tu corazón. ¿Éste eres tú? ¿Estás dispuesto a cambiar?

> *Porque yo sé a quién he creído, y estoy seguro que es poderoso para guardar mi depósito para aquel día.*
>
> 2 Ti. 1:12

Dios ha prometido guardar lo que le encargues. No encargarle nada, significa que no guardará nada. "¡Pero Andrew, no estoy seguro de poder vivir a la altura de este estándar!" No te preocupes, ¡no puedes! Fallarás algunas veces, pero si haces el compromiso, Dios fielmente te lo recordará.

Es importante que tomes un momento para llenarte de humildad y para que reacciones. Te invitó a que lo hagas ahora mismo, antes de que continúes con el siguiente capítulo o hagas algo más. El Espíritu Santo ha estado tratando contigo. Éste es el momento para que te sometas y digas: "¡Sí Señor!" ¡Creeme, estarás muy contento por haberlo hecho!

CAPÍTULO 15

¡Contéstale A Esa Higuera!

Marcos 11 contiene unas lecciones poderosas sobre cómo recibir algo de parte de Dios en la oración.

> *Y el día siguiente, como salieron de Bethania, tuvo hambre. Y viendo de lejos una higuera que tenía hojas, se acercó, si quizá hallaría en ella algo: Y como vino á ella, nada halló sino hojas; porque no era tiempo de higos. Entonces Jesús respondiendo, dijo á la higuera: Nunca más coma nadie fruto de ti para siempre. Y lo oyeron sus discípulos.*
> Marcos 11: 12-14 (Reina Valera Antigua)

¡Si una higuera tiene hojas también debería tener higos! Las higueras producen fruto antes de o al mismo tiempo que se llenan de hojas. Jesucristo tenía hambre, al ver las hojas se acercó esperando recoger algunos higos. Como no encontró ningún higo, maldijo la higuera y le ordenó que muriera.

Mucha gente se pregunta por qué el Señor se habría molestado con esta higuera si todavía no era la temporada de higos. Es porque Jesucristo era el creador de las higueras. Él es el que las creó para que dieran higos antes de que se llenaran de hojas. Esta higuera había quebrantado lo que Él había ordenado.

Muchas cosas que suceden por debajo de la superficie no las puedes ver.

Esa higuera no era lo que aparentaba. Era una hipócrita. Aparentaba algo que no tenía. Así que Jesucristo se enojó y la maldijo.

Date cuenta que el Señor le "respondió" a la higuera. ¡La higuera había estado hablando con Él! Tú no puedes responder a menos que algo o alguien primero se haya comunicado contigo. Este árbol le había dicho a Jesucristo que tenía higos, cuando en realidad, no era así. Era un árbol mentiroso. Así que Jesucristo le habló directamente: "Nunca más coma nadie fruto de ti. Y lo oyeron sus discípulos" (Mr. 11:14).

Y pasando por la mañana, vieron que la higuera se había secado desde las raíces.

Marcos 11:20

En Mateo 21:19 la Biblia describe que la higuera murió inmediatamente cuando Jesús le habló, aunque los Discípulos no vieron los resultados sino hasta el día siguiente. En el preciso momento que Jesucristo habló, el milagro ocurrió y la higuera se secó. Sin embargo, como el árbol se secó desde la raíz, se tardó aproximadamente doce horas para que lo que sucedió en las raíces se manifestara en la superficie. ¡Es una hermosa ilustración de lo que sucede con la oración!

¡Aunque Usted no lo Vea!

Dios es un Espíritu, y Él actúa en el ámbito espiritual. A menudo es necesario que transcurra un período de tiempo para que lo que Dios ha hecho en el mundo espiritual se manifieste en el mundo físico. Me sorprende ver cuántas personas no saben esto. La mayoría de los Cristianos piensan que si Dios quiere que algo suceda, entonces—¡BUM!—sucede. No comprenden las limitaciones y restricciones a las que Dios se enfrenta para poder contestar las oraciones.

El Señor activó ciertas leyes cuando creó los cielos y la tierra. Él mismo respeta estas leyes. Por eso a menudo se lleva tiempo para que lo que es verdad en el espíritu se manifieste en el mundo físico. Por ejemplo, Dios envió a Gabriel, uno de Sus ángeles de mayor prominencia, para que contestara la oración de Daniel en el capítulo 9 del libro de este último nombre. Sin embargo Gabriel se tomó aproximadamente tres minutos para aparecer y ejecutar lo que el Señor le había ordenado. En el capítulo 10 del libro de Daniel, el mensajero de Dios se tardó veintiún días para aparecer con la respuesta de Daniel. ¿Por qué Dios responde algunas oraciones en tres minutos y otras en tres semanas? ¡Él no lo hizo así! Dios contestó instantáneamente ambas oraciones, pero el primer mensajero se tardó tres minutos en aparecer y el segundo se tardó tres semanas. Dios no fue la variable. Él es constante. En ambas ocasiones la orden salió inmediatamente desde el trono de Dios tan pronto como la petición fue hecha en la oración.

La Palabra de Dios promete tu recuperación, pero no promete que será instantánea. Marcos 16:18 declara: "Sobre los enfermos pondrán sus manos, y sanarán". Sin embargo, la idea de que: "¡Si Dios quisiera, yo podría sanar y estos síntomas desaparecerían inmediatamente!" no se puede corroborar con Las Escrituras. Muchos factores determinan la rapidez de la manifestación de tu salud.

Después de que oré con una mujer que tenía SIDA, pude darme cuenta que el SIDA había dejado su cuerpo. Después de esto desaté la unción de Dios para la restauración de su cuerpo por los daños que había causado la enfermedad. Le dije: "Creo que has sido totalmente sanada de SIDA. Aunque ahora ya no hay ni rastro de eso en tu cuerpo, tu cuerpo tendrá que recuperarse del daño que la enfermedad ocasionó cuando estaba allí. No sé cómo funciona todo eso, pero deberías darle a tu cuerpo tiempo para recuperarse. Podría tardarse algunos días para recuperarse totalmente".

Si recibes oración y no ves resultados instantáneos, resiste la tentación de pensar: "¡Bueno, no sucedió nada!" ¡Es posible que esa enfermedad ya haya abandonado tu cuerpo, aunque todavía te sientas débil! Muchas cosas que suceden por debajo de la superficie no las puedes ver. Si solamente tratas de usar tus cinco sentidos para decidir si Dios actuó o no, ¡te perderás de una buena oportunidad para las cosas de Dios!

Fe en Dios

Aunque Jesucristo le habló a esta higuera y lo que le dijo sucedió instantáneamente, los resultados no fueron visibles sino hasta doce horas después. Algunas veces se requiere tiempo para que lo que Dios ya ha hecho se manifieste en el ámbito físico.

> *Entonces Pedro, acordándose, le dijo: Maestro, mira, la higuera que maldijiste se ha secado.*
> Marcos 11:21

A la mañana siguiente, ¡Pedro se asombró cuando vio la higuera! Al leer Las Escrituras a menudo tendemos a pasar por alto cómo se sintieron las personas que vivieron esta experiencia. Tú estarías muy impresionado si fuéramos caminando juntos, y yo le ordenara a un árbol: "¡Muérete en el nombre de Jesús!" y al día siguiente lo encontraras seco y muerto. ¿Dirías algo, o no? Pedro no lo mencionó casualmente, "¡Él estaba asombrado!" "¡Jesucristo, mira esta higuera!"

El Señor usó esta experiencia para ilustrar cómo funciona la oración:

> *Respondiendo Jesús, les dijo: Tened fe en Dios.*
> Marcos 11:22

Cuando Dios da Su Palabra, Él nunca la quebranta.

Esto sucedió a través de la fe en Dios. La fe es una fuerza poderosa, pero tú debes creer para poder cosechar sus beneficios.

La fe se rige por leyes (Ro. 3:27). Al igual que el ámbito natural, el ámbito espiritual opera de acuerdo al orden divino instituido por Dios. La ignorancia pregunta: "¿Por qué Dios no ayudó a esta persona? ¿Por qué permitió que muriera?" La sanidad, la liberación, la prosperidad, y la salvación no suceden en forma "automática". Se deben obedecer las leyes espirituales para poder recibir los resultados deseados.

Restricciones que Él Mismo Se Impuso

Hay leyes naturales que gobiernan la electricidad. Por ejemplo, la energía eléctrica fluye mejor a través del cobre que a través del hule. Así lo diseñó Dios. Cuando usamos las leyes de la electricidad podemos controlar su poder para nuestro beneficio. Sin embargo antes de que comprendiéramos y aplicáramos estas leyes, carecíamos de la electricidad.

La gente vivió por miles de años sin el beneficio de la electricidad. Esto se debía a la ignorancia y no a que fueran tontos. Muchas personas ilustres vivieron a través de los siglos, pero no tenían conocimiento de la energía eléctrica o de su funcionamiento. Aunque la electricidad ha estado en la tierra desde que Dios la creó, el hombre tuvo que descubrir las leyes que la gobiernan para poder usarla.

Imagínate si la electricidad se hubiera usado en la época del apogeo de poder de Egipto, o en la época de Salomón o cuando Jesucristo caminó en la tierra. La electricidad ya estaba allí, pero nuestra ignorancia nos impidió usarla. Por ejemplo, la materia prima para hacer un teléfono celular siempre ha estado en la tierra, pero sólo en la última década hemos desarrollado la tecnología para usarla con ese propósito. Muchas cosas que hacemos hoy, se pudieron haber hecho desde hace mucho tiempo, ¡de no haber sido por nuestra ignorancia!

Los avances tecnológicos se hacen posibles conforme descubrimos las leyes que los gobiernan. Algún día podremos manejar carros usando la energía del agua. Entonces veremos al pasado y pensaremos que usar gasolina como combustible era ignorancia. La única razón por la que todavía no estamos disfrutando estas cosas es porque aún no hemos descubierto esas leyes.

Dios se controla a Sí mismo y al universo creado por Él, por medio de las leyes que creó con La Palabra. Estas leyes gobiernan cómo obra Dios. Simplemente no tendría sentido pensar que aquel que creó este mundo con tanto orden (i.e. las leyes de la electricidad, la gravedad, etc.) fuera una persona que actúa al azar y desorganizadamente. Con frecuencia los Cristianos me dicen: "¡Bueno, ya oré!" ¿Pero oraste correctamente? "No sé si lo hice correctamente, pero si Dios quisiera Él podría sanarme!" Ellos no creen que Dios tenga restricciones. Por supuesto que Él se impuso las restricciones, pero aun así son restricciones. ¡Dios respeta Sus propias leyes!

Sigue Sus Directrices

No olvidaré mi pacto, ni mudaré lo que ha salido de mis labios.

Salmo 89:34

Cuando Dios da Su Palabra, Él nunca la quebranta. Él nunca dice algo que no quería decir, y siempre respalda lo que dice. Por ejemplo, el Señor te otorgó un gran privilegio cuando dijo: "Tú resiste al diablo y éste huirá de ti" (Stg. 4:7). Sin embargo, Dios se limitó a Sí mismo porque ahora es tu responsabilidad resistir al diablo y no la suya.

Como se te ha dado esta autoridad, Dios no va a reprender al enemigo por ti. Orar así: "¡Dios mío, por favor quita al diablo de mi camino!" no va a funcionar. El Señor estableció una ley al declarar Su Palabra. Debes resistir al diablo y huirá de ti. Puedes creer que estás actuando correctamente, pero la liberación de la opresión demoníaca no vendrá sino hasta que sigas Sus instrucciones. ¡Debes ejercer la autoridad que Dios te dio o no funcionará!

Otra ley es esta: Tendrás lo que hablas.

Del fruto de la boca del hombre se llenará su vientre, se saciará del producto de sus labios. La muerte y la vida están en el poder de la lengua, y el que la ama comerá de sus frutos.

Proverbios 18:20,21

La vida y la muerte están en el poder de la lengua. ¡Tendrás lo que digas! (Mt. 12:34; Mr. 11:23; Stg. 3:2-12).

Mucha gente desea ser sanada pero declaran toda clase de cosas negativas. Dicen lo que el doctor les dijo, cómo se siente

¡Dios no suspenderá Sus leyes—naturales o espirituales— solamente porque tus intenciones son buenas!

su cuerpo, o cuáles son las opiniones de otras personas, y se preguntan por qué no están viendo la manifestación del poder de Dios en su vida. ¡Las leyes espirituales están establecidas y funcionando!

¡No Te Mates!

¡La misma ley que produce un beneficio también puede matar! Si tocas un cable de electricidad que tenga corriente y esté pelado, recibirás una descarga. Dependiendo de cuánta energía tenga hasta podría matarte. No es que no le gustes a la compañía eléctrica y que ellos digan: "¡Vamos a castigarlo por tocar este cable!" ¡No! Esto no es algo personal, simplemente es una ley. La compañía eléctrica genera el poder para dar un beneficio—¡no para matarte!

Dios creó la gravedad para tu beneficio. Ésta hace posible que te puedas sentar en tu silla sin que tengas que atornillarla al piso ni amarrarte a ella. En vez de tener que realizar un esfuerzo constante, intenso, para evitar que te eleves flotando, podrías quedarte dormido en esa silla si quisieras. Sin embargo, si tú intentas violar la ley de la gravedad y saltas de la cima del Edificio *Empire State* tratando de volar con tus brazos, la misma ley (que fue creada para tu beneficio) te matará. No sería algo personal. En realidad no importa que te haya faltado sabiduría o que lo hayas hecho a propósito. Los resultados son los mismos porque violaste la ley. ¡Dios no lo hizo, tú te mataste!

Es falta de conocimiento decir: "¡Qué problema, me estoy sintiendo peor. El doctor dice que estaré muerto en dos semanas. Me estoy muriendo!" Y luego orar así: "Dios mío, por favor sáname si es Tu voluntad en el nombre de Jesús, amén". Después de que hace eso, con frecuencia la gente se enoja con Dios y luego se pregunta por qué no han sanado. ¡Están violando las leyes de la fe y están produciendo su propia muerte al hablar esas palabras de incredulidad!

¡Dios no va violar Su Palabra! Él no va a suspender la ley de la gravedad para poder salvar la vida de esa persona que está tratando de volar saltando del

El Señor te dijo que le hablaras al problema, no que le hablaras a Dios de tu problema. Cualquiera que sea tu problema— ¡háblale!

Edificio *Empire State*. No importa que esa persona esté actuando de buena fe, o que sea muy buena persona; la ley de la gravedad es una ley natural. Si el Señor suspendiera la ley de la gravedad por este saltarín, millones de persona morirían porque ellos están confiando en esa ley. ¡Dios no suspenderá Sus leyes—naturales o espirituales—solamente porque tus intenciones son buenas!

¡Háblale a la Montaña y Échala al Mar!

Respondiendo Jesús, les dijo: Tened fe en Dios. Porque de cierto os digo que cualquiera que dijere a este monte: Quítate y échate en el mar, y no dudare en su corazón, sino creyere que será hecho lo que dice, lo que diga le será hecho.
Marcos 11:22,23

El Señor nos ordena que le hablemos a nuestro problema. Ésta es una verdad en relación a la oración que la mayoría de la gente no ha aprovechado. ¡Háblale a la montaña!

La mayoría de los Cristianos le hablan a Dios de sus montañas en vez de ¡hablarle a la montaña de Dios! La "montaña" representa cualquier problema que tengas. Jesucristo declaró: "¡Háblale a tu montaña y ordénale que se arroje al mar!" El Cristiano común y corriente ora así: "Dios mío, tengo esta montaña, ¿podrías quitarla de mi camino?" El Señor te dijo que le hablaras al problema, no que le hablaras a Dios de tu problema. Cualquiera que sea tu problema—¡háblale!

Lo que ocasionó todo esto fue esa higuera muerta y seca. La higuera le había hablado a Jesucristo el día anterior. Jesucristo contestó y la higuera ya no habló más. ¡Ten fe en Dios!

CAPÍTULO 16

¡Háblale a tu Montaña!

Por tanto, os digo que todo lo que pidiereis orando,
creed que lo recibiréis, y os vendrá.

Marcos 11:24

Cuando Jesucristo oró por esta higuera, en ningún momento le suplicó ni le pidió algo a Dios. En vez de eso, Él dijo que "oración" es tomar Su autoridad, creer, y hablarle al problema.

El propósito de la oración no es informarle a "pobrecito Dios que está tan desinformado". Tu Padre celestial ya sabe lo que necesitas (Mt. 6:8). Decirle lo que el doctor dijo, lo mal que te sientes, y que la querida tía Susana murió de eso es contraproducente. ¡No te sientes ahí solamente quejándote; el Señor ya lo hizo! ¡Por sus llagas fuiste sanado! (1 P. 2:24).

Probablemente te estás preguntando: "¿Si Dios ya me ha sanado en el ámbito espiritual, entonces cómo oro para ver la manifestación de esa sanidad en el ámbito físico donde la necesito?" En primer lugar, entra por sus puertas con acción de gracias (Sal. 100:4). Empieza a alabarlo y exaltarlo porque lo que necesitas ya está hecho. Esto edifica tu fe y te motiva. Di: "¡Padre, te agradezco que por las llagas de Jesucristo yo fui sanado. Lo recibo ahora por fe!" Luego dirígete al problema en tu cuerpo y háblale. No le hables a Dios del problema. Alaba al Señor por lo que Su Palabra dice que Él ya hizo y luego háblale directamente a tu problema.

"¿Por Qué No Se Fue?"

Mary Hill es un ejemplo clásico de la aplicación práctica de esta verdad. En Septiembre del año 2001, prediqué en Charlotte, Carolina del Norte. Cuando estaba ahí, le di una copia del video "Nicky Ochenski: La historia de un milagro" a la familia que me estaba hospedando en su casa. Los invité a que vieran esta historia, llena de inspiración, de la sanidad de una muchacha. Luego salí y cuando regresé al final del día, la señora de la casa estaba sentada en el sillón llorando después de ver el video. Preguntó: "¿Podrías orar por mi amiga que tiene la misma enfermedad que Nicky tenía?" Después de que le contesté "¡Seguro!", mi anfitriona me informó que su amiga ya venía en camino.

Después de diez minutos, Mary Hill llegó envuelta en cobertores llenos de imanes. También tenía otros imanes sujetados con cintas adhesivas por todo su cuerpo. Los doctores que la diagnosticaron en 1994 declararon que en una escala del 1 al 10, el dolor de Mary estaba constantemente en un nivel de 11. ¡Ella sufría de dolor y no podía hacer nada al respecto!

Cuando empezamos a hablar, Mary me dijo que ella sabía que Dios tenía un propósito en relación a su enfermedad y que Dios recibía gloria por eso. Me pasé cerca de treinta minutos oponiéndome a su doctrina religiosa con La Palabra de Dios. Finalmente ella estuvo lista para que orara por ella.

Tomando las manos de Mary, le ordené al dolor que dejara su cuerpo en el nombre de Jesús. ¡Bum! ¡Instantáneamente, el dolor la dejó por primera vez en diez años!

Llena de asombro empezó a alabar a Dios. Luego se detuvo y comentó: "Todavía tengo un ardor en mi cintura en la espalda. ¿Por qué no se fue?" "¡No le hablé al 'ardor'. Me dijiste que tenías 'dolor'. Ahora observa esto!" Tomando sus manos una vez más, le hablé al ardor y le ordené que la dejara.

> **Háblale a tu problema y ordénale que cambie. Orienta tu fe con tus palabras.**

Ella exclamó: "¡se fue!" ¡Y alabó a Dios aún más!

¡Tú Ora!

Luego le enseñé a Mary a orar por ella misma usando la oración de Marcos 11:23. Le dije: "Si otro dolor regresa, no es que Dios no te sanó. Es el diablo tocando a tu puerta para ver si la vas a abrir otra vez. Si tú dices: 'Oh no, no fui sanada' o 'Perdí mi sanidad', entonces abrirás la puerta y Satanás regresará. Pero si dices: '¡No! ¡Por Sus llagas yo fui sanada. Los dones y los llamamientos de Dios son irrevocables. Le ordeno a este dolor que salga!' conservarás tu sanidad y todo estará bien".

Cuando estaba lista para partir, dijo: "El ardor regresó".

"Bueno, te he estado enseñando qué hacer. Voy a tomar tus manos y te voy a apoyar, pero tú vas a orar".

"Padre, te doy gracias porque Tú ya me sanaste. Por Tus llagas, fui sanada y te lo agradezco. Ahora reclamo mi sanidad en el nombre de Jesucristo". Ésta es una muy buena oración viniendo de una mujer que hacía menos de una hora pensaba que Dios le había mandado esta enfermedad para glorificarse. ¡Avanzó mucho! Sin embargo, aunque ésa era una oración muy buena, no puedes recibir sanidad orando de esa manera. Simplemente no funciona.

Así que cuando terminó, le pregunté; "¿Tienes ardor?"

"Sí. Todavía está allí"

"¿Sabes por qué?"

"No".

"No hiciste lo que te dije que hicieras".

"¿Qué quieres decir?"

"No le hablaste a tu montaña. Le hablaste a Dios y lo alabaste. Lo que dijiste estuvo bien, pero no hiciste lo que La Palabra te dijo que hicieras".

"O sea que debo decir, 'Ardor, en el nombre de Jesucristo…'"

"¡Sí!"

"Está bien".

Nos tomamos de las manos una vez más y Mary declaró: "¡Ardor! En el nombre de Jesucristo…" y ahí se detuvo exclamando: "¡Se fue! ¡Se fue! ¡Soy sana!" Tuve noticias de ella dos años después y ha estado bien. De hecho, está ocasionando un "alboroto" en la iglesia Presbiteriana. ¡Qué maravilloso ejemplo!

Orienta tu Fe

La Biblia dice: "¡Háblale a esos problemas!"

"Bueno Andrew, no creo que se tenga que ser tan legalista. Dios sabe lo que quiero decir".

Eso es como la persona que agarra un cable de corriente y dice: "¡Cómo se atreve este cable a matarme! Mis intenciones eran buenas, pero no sabía que tenía electricidad". ¡No importa cuáles son tus intenciones! Hay leyes que gobiernan el funcionamiento de las cosas. Dios dijo: "¡Háblale a las cosas!" y no lo hacemos. Luego nos preguntamos por qué no hemos sanado.

¡Aprende lo que La Palabra dice sobre cómo funciona el poder de Dios, y luego coopera!

Tienes fe, pero debes orientarla. Úsala cooperando con las leyes que gobiernan su funcionamiento. Resiste al diablo. Háblale directamente a él. Háblale a tu problema y ordénale que cambie. Orienta tu fe con tus palabras.

Aunque tus palabras son muy importantes, tus acciones también deben ser coherentes con tu fe. Si "crees" de una manera y actúas de otra, anulas tu fe.

Si tienes un dolor de cabeza, no digas: "Dios mío, tengo un dolor de cabeza. Por favor quítamelo. Creo que por tus llagas yo soy sano, en el nombre de Jesús". ¡Eso no es suficiente! No es lo que el Señor te dijo que hicieras. Si el problema es dolor, háblale y di: "¡Dolor, en el nombre de Jesucristo, te ordeno que salgas de mi cuerpo. No importa lo que esté causando este dolor, le ordeno a esta parte de mi cuerpo que responda en el nombre de Jesucristo para que esta enfermedad se detenga en el nombre de Jesucristo!" ¡Háblale!

En el preciso momento que oras y crees, Dios actúa y desata Su poder.

El Pie de Jamie

Recuerdo cuando Jamie se lastimó el pie con la pesada silla de metal que está en nuestro estudio. Ella estaba descalza cuando la silla cayó en el empeine de su pie. Inmediatamente su pie se amorató y empezó a hincharse. Después de que ella oró por cinco minutos, se acercó a mí cojeando y me preguntó: "¿Podrías orar conmigo?"

Oramos y le hablamos al pie diciendo: "¡Pie, en el nombre de Jesús te ordeno que respondas. Huesos, si alguno de ustedes están fracturados, les ordeno que sanen!". En el lapso de un minuto, la hinchazón desapareció y el color se normalizó. ¡Así es como le hablas al problema!

Aunque por mucho tiempo supe esto, por alguna razón no lo comprendía. En cambio desde que empecé a practicar esta regla deliberadamente, hace ya cinco años, he visto probablemente cuatro veces más manifestaciones instantáneas de sanidad que antes. ¡Es una regla muy simple!

Debes Cooperar

Mucha gente simplemente no entiende que Jesucristo estableció leyes espirituales. Dicen: "Bueno, si Dios me amara, Él me sanaría". No, así no funciona. ¡Tú recibes en proporción a tu fe!

*¡Jerusalén, Jerusalén que matas a los profetas, y apedreas a los que te son enviados! ¡**Cuántas***

*veces quise juntar a tus hijos, como la gallina a sus polluelos **debajo de sus alas, y no quisiste!***
Lucas 13:34 (El énfasis es mío)

El Señor mismo se entristeció por su amado pueblo. Él quería bendecirlos, ministrarles, y confortarlos, pero ellos no quisieron aceptar lo que Él les daba. En Su propio pueblo natal de Nazaret, la incredulidad, le impidió a Jesucristo hacer más (Mr. 6:5,6). Debes cooperar con las leyes espirituales de Dios que gobiernan la fe para poder recibir.

¡Haz lo que La Palabra dice! Cuando oras, alaba a Dios porque tu problema ya ha sido arreglado. Luego ejerce tu autoridad y háblale directamente al problema. Si no lo haces, no verás los resultados que deseas. ¡Te guste o no, así funciona!

Tu tarea es descubrir las leyes y cooperar con ellas, no escoger cuáles obedecerás o inventarás. Tú podrías pensar que es más barato y fácil poner la instalación eléctrica de madera en tu casa, pero te aseguro que la madera no va a conducir la electricidad como el cobre. No importa que tú prefieras la madera. Simplemente necesitas descubrir qué conduce electricidad, y luego aprovechar eso. ¡Aprende lo que La Palabra dice sobre cómo funciona el poder de Dios, y luego coopera!

Dios contesta Inmediatamente

Por tanto, os digo que todo lo que pidiereis orando, creed que lo recibiréis, y os vendrá.
Marcos 11:24

Cree que recibes cuando oras, y tendrás (tiempo futuro) aquello por lo que oraste. Cree que tú has recibido aquello por lo que oraste. Cree que has recibido la respuesta de Dios en el instante que oras, y tú verás (tiempo futuro) la manifestación visible de esto.

¡La mayoría de la gente no tiene ni idea de lo que sucede en la oración! Oran, piden y luego esperan pasivamente. Cuando algo funciona, piensan, ¡Dios contestó mi oración! Si aquello que pidieron no sucede, entonces piensan: "Seguro que Él dijo 'No'". ¡Eso simplemente no es verdad!

El grado de control que tienes sobre el tiempo que media entre el "Amén" y el "Ahí está", es mayor de lo que crees. La cantidad de tiempo previo a la manifestación podría ser un segundo, una hora, un día, una semana, o más. Sin embargo, en el preciso momento que oras y crees, Dios actúa y desata Su poder. ¡Instantáneamente, como con la higuera, ya está hecho! Si no hay ningún obstáculo en ti o fuera de ti, deberás ser capaz de ver manifestaciones inmediatas cuando usas el poder de Dios correctamente.

Háblale directamente al problema. Dios ya ha hecho todo lo que Él iba a hacer respecto a la sanidad. Cuando oras por alguien no esperes pasivamente que algo suceda. ¡Toma el control y haz que la sanidad se manifieste!

A lo mejor estás pensando: "¡No puedes hacer eso!" ¡Sí, tú puedes! Así es como nosotros estamos orando y están sucediendo muchas cosas buenas. ¡Depende de ti cuándo se manifieste tu sanidad!

Una regla básica es que Dios contesta la oración instantáneamente. No importa si ves la manifestación inmediatamente o no, cree que recibiste cuando oraste. Cuando le hablas a la montaña, cooperas con una ley espiritual importante y apresuras la manifestación de tu respuesta.

CAPÍTULO 17

¡Dispárale Otra Vez!

Mucha gente batalla con lo que estoy enseñando y se preguntan: "¿Cómo puedo creer esto? Ahora mismo, tengo dolor en mi cuerpo, sin embargo me estás diciendo que crea que soy sano aunque no haya ninguna prueba física de esto". Otros responden: "¡Sí, lo entiendo. Estás diciendo que actúe como si así fuera, cuando verdaderamente no lo es, y entonces sucederá!" No, eso no es lo que estoy enseñando. No te estoy incitando a que participes en un "juego mental" en el que tratas de creer que algo es real, cuando no es así, para que se vuelva real. Te estoy retando para que veas más allá del ámbito natural.

Dios es un Espíritu (Jn 4:24). Cuando Él actúa, lo hace en el ámbito espiritual. Cuando tú pides sanidad, Dios te la da en forma espiritual desde el interior de tu espíritu en el mismo instante que le creíste. Como creyente del Nuevo Testamento, ya tienes viviendo en tu interior la misma virtud, unción, y poder que resucitó a Jesucristo de entre los muertos. En el momento que crees, Dios desata ese poder en tu espíritu. Por lo tanto, eso significa que sí recibiste. Dios ya hizo todo lo que va a hacer en relación a tu milagro en el instante que tú oraste: Él dio la orden y desato Su poder, ¡es un trato hecho!

Usa tus palabras para hablar vidaen vez de muerte.

"¡Pero lo necesito aquí en mi cuerpo!" La fe es el puente entre el ámbito espiritual y el ámbito físico. Así es cómo lo que ya sucedió en el espíritu se transmite hacia el ámbito natural. La fe da substancia a las cosas que se esperan y es la prueba—tangible, física—de lo que no se ve (He. 11:1 *Es pues la fe la sustancia de las cosas que se esperan*, Reina Valera Antigua). ¡Sólo porque algo está en un ámbito invisible, no significa que no existe!

Si tú crees que el mundo físico—lo que puedes ver, probar, escuchar, oler, y sentir—es el único ámbito real que existe, argumentarás diciendo: "¡Tengo dolor, así que no me importa lo que digas! Sería un mentiroso si declarara que Dios me ha sanado si todavía tengo dolor y tengo este sarpullido, este tumor, o lo que sea. Lo que pasa es que tú eres uno de los que dicen: 'Declámalo, y reclámalo. Afírmalo y agárralo' para que 'así sea'". La verdad es que verdaderamente hay un ámbito espiritual; ¡y hay un tú espiritual!

¡Haz Que se Manifieste!

El mundo espiritual es la fuerza generadora (Col. 1:16; He. 11:3). Creó todo lo que ves y todavía existirá mucho tiempo después de que este mundo físico desaparezca (2 Co. 4:18). No está mal reconocer que hay cosas que están más allá de lo que tus cinco sentidos pueden detectar. En este mismo instante hay señales de radio y televisión donde estás. No las puedes ver, sin embargo allí están. Con la ayuda de un aparato receptor, podrías comprobarlo. Si dijeras: "¡No están aquí porque no las puedo ver o sentir!" eso significaría que no eres muy inteligente. Allí están, pero tú no lo sabes.

Hay entidades espirituales—ángeles, demonios, y el Espíritu Santo—¡allí mismo donde estás! Hay una realidad en tu interior—tu espíritu—con la que no te puedes contactar a través de tus cinco sentidos. Debes creer La Palabra de Dios que dice: "Cuando oras, recibes". Si empiezas a buscar en tu cuerpo o en el espejo y te preguntas: "Bueno, ¿sucedió?" te lo perderás. Tu sanidad provienc del mundo espiritual. ¿Cómo llega de lo sobrenatural a lo natural? ¡Por medio de alguien que cree!

La unción para sanar al enfermo, limpiar al leproso, y resucitar al muerto ya está en tu interior.

Declara por fe: "Aunque no lo puedo ver, sé que La Palabra de Dios dice que cuando oro debo creer que recibo la respuesta en ese momento, y que luego (en el futuro), se manifestará (Mr. 11:24). Por lo tanto creo que Dios lo hizo. En el ámbito espiritual hay mucha actividad y poder desatándose. La virtud de Dios está fluyendo a través de mí ahora mismo. Todavía no la he visto, pero sé que ahí está". Luego haz que tu respuesta se manifieste activando estas leyes. Empieza a hablarle a las cosas y ordénales que funcionen.

Cuando Jamie se lastimó el pie, creímos que Dios ya había proveído su sanidad mucho antes de que derribara la silla. Alabamos a Dios porque ya estaba hecho diciendo: "¡Gracias Padre, que ya lo hiciste. Ahora mismo es nuestro!" Su pie todavía se veía mal, así que me dirigí a éste y le ordené: "Pie, te hablo en el nombre de Jesucristo". Estaba haciendo que se manifestara la sanidad que Jamie ya había recibido en su espíritu.

Es como si estuvieras sediento parado al lado de un pozo. Toda el agua que podrías necesitar ya está allí, pero tú podrías morirte de sed si no sabes cómo bajar una cubeta para sacarla. ¡Hay cosas que puedes hacer para desatar el poder sobrenatural de Dios que ya existe en el pozo espiritual de tu interior!

Hablando con los Árboles

Usa tus palabras para hablar vida en vez de muerte (Pr. 18:21). Dirígelas específicamente hacia tu problema (Mr. 11:23). El mismo Jesucristo le respondió a la higuera (Mr. 11:14, RV Antigua). Si tu chequera siempre está en números rojos, ¡háblale! Si cada vez que la abres, escuchas: "¡La Palabra de Dios no funciona! ¡Nunca tienes lo necesario!" entonces mírala y dile: "¡Le ordeno a todos estos números rojos que sean reemplazados por números negros en el nombre de Jesucristo!" Debes hablarle a tu cartera, a tus inversiones, etc.

Yo le hablo a mis árboles. Vivimos en un clima semiárido y no obstante nuestra propiedad parece un bosque. Yo le cito a mi propiedad pasajes bíblicos que hablan de cómo Dios hace fluir el agua por las montañas. Cada vez que veo una plaga, la maldigo y bendigo al árbol. Justo afuera del límite de mi propiedad hay una hilera de árboles muertos; en cambio, todos los míos se ven llenos de vida. La gente piensa que esto es raro, ¡pero funciona!

Dios me enseñó a hablarle a los árboles allá por mi época de pobreza. Cuando Jamie y yo teníamos problemas de dinero, hubo ocasiones en que fue mi mamá la que nos ayudó a sobrevivir. No estoy seguro si ella lo sabía o no, pero en algunas ocasiones los alimentos que nos daba era todo lo que comíamos en una o dos semanas. Nunca le dijimos que necesitábamos algo, pero ella nos daba de comer cada vez que la visitábamos. Yo cooperaba cortando el pasto.

Nuestra familia tenía 23 nogales. Cuando mi papá todavía vivía, él los cuidada bien fertilizándolos y fumigándolos. Producían entre 150 a 200 kg de nueces cada año. Después de que mi papá murió, los descuidamos. Como resultado, hubo un año en el que los gusanos fueron tan dañinos que toda la producción de nueces ese año fue solamente de 25 kg.

Al año siguiente, yo bendecía esos árboles cada vez que cortaba el pasto. Mientras caminaba alrededor de ellos con la podadora, ponía una mano en el árbol y decía: "¡Gusanos, los maldigo en el nombre de Jesucristo y les ordeno que mueran. Árbol, estás bendecido. Te ordeno que produzcas fruto!" ¡Ese año cosechamos más de 250 kg de nueces!

Cómo Funciona el Reino

¡Háblale a tu cuerpo; te responderá! Los científicos han descubierto una parte del cerebro que se activa por el habla. Si dices: "Estoy cansado", han descubierto que tu cerebro lo escuchará y le dirá a tu cuerpo que se prepare para descansar. Te sentirás más cansado si estás hablando del "cansancio". Si dices: "¡Oye, me siento bien!" la misma parte de tu cerebro empezará a enviar endorfinas a través de tu cuerpo para darte energía. ¡La comunidad científica apenas está descubriendo lo que Dios ha estado diciendo todo el tiempo!

Tu cuerpo tiene habilidad para deshacerse del dolor. En realidad las medicinas no quitan el dolor; solamente estimulan a tu cuerpo para que produzca endorfinas. Son las endorfinas las que te liberan del dolor. Hoy inclusive hay un procedimiento, disponible para la gente con dolor crónico, que envía un estímulo eléctrico a la parte del cerebro que produce endorfinas. ¡Este tratamiento es mucho más efectivo para quitar el dolor que la morfina!

¡Usa tus palabras para ordenar que el dolor se vaya! Puedes hablarle a tu cuerpo y hacer que se recupere. Le he ordenado al dolor de dientes que se vaya y a mi vista que funcione. En una ocasión, después de que oré por una amiga y le hablé al sarpullido en sus manos, éste desapareció. No busques automáticamente una pastilla; ¡háblale a tu cuerpo!

¡Así es como el reino funciona! Lo hemos hecho difícil al decir: "¡Dios mío, aquí está mi necesidad. Si me amas, haz algo!" Cuando no sucede nada nos enojamos con Dios y nos preguntamos: "¿Por qué todavía no has hecho nada?" Dios te ha dado el poder, pero eres ignorante de cómo usarlo. La unción para sanar al enfermo, limpiar al leproso, y resucitar al muerto ya está en tu interior. Si no estás viendo que se manifieste, no es el transmisor de Dios el que está descompuesto, es tu receptor el que necesita estar prendido y sintonizado. ¡Profundiza en La Palabra y luego úsala para hablarle a tu montaña!

La Fe Se Puede Reconocer

Con todo esto en perspectiva, puedo decirte que yo no paso mucho tiempo pidiendo cosas. El noventa y cinco por ciento de mi tiempo de oración me lo paso amando a Dios. Él me guarda en perfecta paz porque mi mente persevera en Él (Is. 26:3). Cuando escuché la mala noticia de que se iba a cancelar el contrato de nuestro edificio, no le di mucha importancia ¡Había estado en comunión con Dios Todopoderoso! Aunque este edificio era muy importante, sabía que no era un asunto de vida o muerte. Además, esa noche tenía algo mejor que hacer que preocuparme, así que me fui a la cama y me dormí. Ni siquiera oré por eso, sin embargo la situación se arregló y todo salió bien.

Cuando amar y adorar a Dios es tu prioridad, descubrirás que no tendrás que pasar mucho tiempo orando por cosas. Sin embargo, cuando sí necesites orar por algo importante, empieza alabándolo, glorificándolo, y dándole gracias. Di: "Padre, te doy gracias porque Tú ya habías arreglado esto aún antes de que tuviera el problema. Gracias porque fui sano por tus llagas". Colosenses 2:7 revela que en la fe tú abundas con acciones de gracias. Continúa alabándolo y agradeciéndole por lo que La Palabra dice que ya sucedió en el espíritu, hasta que sepas que ya no tienes temor ni preocupación y que la fe se ha vivificado dentro de ti.

> **Dios es fiel y ya satisfizo tu necesidad, aun antes de que la tuvieras.**

Se Puede Reconocer la Fe. Yo sé cuándo tengo fe. La primera vez que dije: "¡Sé que estoy operando con fe y que puedo resucitar a los muertos!" fue en 1976. En mi corazón lo sabía. Aunque no siempre actúo en ese nivel, sé cómo llegar ahí. Empiezo a alabar y a agradecerle a Dios hasta que mi fe se vivifica.

Si aún tienes temor, no ores por tu necesidad todavía, cualquiera que ésta sea. Así como no debes jalar el gatillo de una pistola a menos que estés apuntando al blanco y que la pistola esté cargada, tampoco debes declarar tu oración a menos que sepas que tienes fe. Acércate a Dios y lidia con el temor. Alaba al Señor por Su maravilloso amor hasta que salga todo ese temor (1 Jn. 4:18). Ya que te deshagas de eso y sepas que estás actuando con fe, vuelve a enfrentar la situación y haz lo que tengas que hacer para orar por esa situación—¡pero no hables palabras si tienes temor!

Tampoco hables palabras que sólo estén basadas en la esperanza. Desear y tratar no es fe. La verdadera fe debe estar presente para que pueda dar substancia a tu esperanza.

Ya que sé que mi fe es vivificada y verdaderamente creo que lo que le pedí a Dios ya está hecho en el ámbito espiritual, tomo esa fe y le hablo a la situación a la que debo hablarle: a mi cuerpo, a mi dinero, a los demonios, etc. Luego uso la alabanza para detener al enemigo. Usando todo lo que Dios me ha mostrado continúo aniquilando al diablo y a mi problema hasta que veo resultados. No es incredulidad si yo continúo orando de esta manera por algo. Creo que Dios lo hizo en el preciso instante en que se lo pedí. Recibí Su respuesta cuando oré, pero no estoy dispuesto a permitir que se quede ahí en el ámbito espiritual. ¡Hago que se

Tu capacidad para transmitir el poder de Dios con frecuencia se incrementa con el uso.

manifieste en el mundo físico donde la necesito!

¡Continúa Orando Hasta que se Manifieste!

Cuando le ministro sanidad a alguien, oro por ellos dos, tres, cuatro, o más veces. ¡No me importa! ¡Estoy dispuesto a orar por ellos hasta que me quede sin saliva! Sin embargo, no regreso con Dios y le digo: "¡Padre, no funcionó la primera vez. Por favor, permite que funcione ahora!" ¡No! Creo que si funcionó porque Dios es fiel. Él dio, pero algo está mal en nuestro receptor. Así que trabajo en eso. Si el diablo resiste una dosis del Espíritu Santo, ¡le doy otra! De la misma manera como Jesucristo lo hizo con el ciego de Betsaida (Mr. 8:22-26), ¡oro hasta que veo la manifestación de la respuesta!

Necesitas adoptar la actitud de que Dios es fiel y que ya satisfizo tu necesidad, aun antes de que la tuvieras. El valor, la confianza, y la fe se intensificarán en tu corazón conforme te des cuenta que ¡la provisión de Dios siempre es mayor que tu necesidad!

A veces oro por el beneficio de otros tanto como por el mío. Por lo general estoy listo para actuar, pero ellos no siempre están listos en cualquier momento. Recientemente, cuando le estaba ministrando a una mujer que tenía SIDA, al hablar con ella me di cuenta que ella todavía tenía temor. Así que empecé a orar así: "Padre, te agradecemos que estás por encima de todo nombre. El SIDA tiene un nombre. ¡SIDA arrodíllate ante el nombre de Jesucristo!" En ese momento, me di cuenta que su fe se había fortalecido. Así que continué: "¡SIDA, no eres más que un fracasado! ¡No tienes poder, ni fuerza, ni dominio!" De esta manera, tanto mi fe como la fe de la persona por la que estoy orando se fortalecen. Así es cómo, hablándole a la situación y desatando el poder de Dios, ¡he visto miles de manifestaciones instantáneas!

Otra mujer recibió oración por sus pies hinchados. Un pie sanó y el otro se quedo hinchado. Algunos se preguntan: "¿Por qué Dios no sanó los dos pies?" ¡Él lo hizo! Pero ella sólo recibió sanidad en uno. ¿Entonces qué haces? Continúa orando hasta que la sanidad se manifieste en el otro. Si puedes mover al diablo un centímetro, lo puedes mover un kilómetro—¡aunque sea centímetro a centímetro!

Tus Resultados Mejorarán

La gente piensa que Dios sana de maneras misteriosas. Si Él quiere que alguien sane—BOOM—¡sanan! Si la sanidad se retrasa, o hay un problema, o si tienen que permanecer firmes en la fe hablándole a y reprendiendo algo, se preguntan: "¿Por qué no funcionó?"

Dios usa gente que no es perfecta. ¡Todos veríamos manifestaciones mayores y más rápidas si no estuviéramos tan llenos de incredulidad! Es un milagro que algunas cosas sucedan mientras nos empapamos la mente con asesinatos, adulterio, y homosexualidad para "entretenernos" y escuchamos las (malas) "noticias" todos los días. ¡Estamos bautizados en incredulidad!

Como Jesucristo tiene que usar instrumentos imperfectos como tú y yo, algunas veces Su poder no se manifiesta tan rápido. Cada uno de nosotros tiene algo de incredulidad y otros tipos de basura que aún no han sido eliminados, ¡pero no permitas que eso te detenga! Tu capacidad para transmitir el poder de Dios con frecuencia se incrementa con el uso. No te des por vencido si lo intentas unas cuantas veces y no ves los resultados que deseas.

Inclusive Jesucristo experimentó limitaciones en lo que pudo haber hecho en su pueblo natal por la incredulidad de ellos (Mt. 13:58). ¡Persevera!

Conforme empieces a comprender, creer, y practicar algunas de estas cosas, ¡tus resultados mejorarán en gran manera!

CAPÍTULO 18

Pide y Recibe

Y yo os digo: Pedid, y se os dará; buscad, y hallaréis;
llamad, y se os abrirá.

Lucas 11:9

Si simplemente creyéramos Lucas 11:9, entonces ¡todo estaría bien! Sin embargo, mucha gente no puede hacerlo porque una vez en en su vida le pidieron algo a Dios y no vieron que se realizara. Debido a esa experiencia negativa, piensan: "¡Esto no puede ser tan simple y tan claro!"

Hoy gran parte del "iglesianismo"[6] consiste en excusas que explican por qué las promesas de Dios no funcionan. ¡Eso es religiosidad! Es un pretexto para explicar por qué eres un fracasado, un deprimido, un enfermo, o un pobre y que Dios te hizo así con un "propósito de redención" en tu vida. ¡Eso es totalmente incorrecto!

Elaboramos toda clase de excusas para explicar por qué La Palabra de Dios no va a funcionar para toda la gente todo el tiempo, diciendo: "¡Por supuesto, si pides, recibes. Pero algunas veces Dios contesta 'No'. No es para todos!" Considera, por ejemplo, el bautismo en el Espíritu Santo. Mucha gente que hoy reconoce su existencia, nos salen con que lo descartan diciendo que "no es para todos". Usan equivocadamente 1 Corintios

Dios contesta toda oración que está de acuerdo a Su Palabra.

12:30 ("¿hablan todos lenguas?") sin darse cuenta que este versículo está analizando el don público de hablar en lenguas en un servicio de iglesia. No todos tienen ese don en particular, ¡pero cada creyente vuelto a nacer que ha sido bautizado en el Espíritu Santo puede y debería hablar en lenguas! (Para obtener mayor información sobre este tema, te sugiero que obtengas una ejemplar de mi estudio *El Espíritu Santo*).

En la época en que me apasioné por Jesucristo y empezaba mi ministerio, había iglesias enteras que creían que los milagros habían cesado de existir junto con la iglesia primitiva. Cualquier persona que enseñaba que las manifestaciones sobrenaturales están sucediendo hoy "era del diablo". Sin embargo, el movimiento carismático refutó y derribó de tal manera esta falsa suposición que sólo quedan pequeños grupos marginales de gentes retardatarias que se oponen al cambio y que persisten en su incredulidad. Hoy la manera de pensar que es más común en el cuerpo de Cristo es ésta: "¡Sí, los milagros ocurren, pero no a todos"!

Dios Siempre Contesta

¡La Palabra de Dios declara exactamente lo opuesto!

*Porque **todo aquel** que pide, recibe; y el que busca, halla; y al que llama, se le abrirá*
Lucas 11:10, (El énfasis es mío).

Si tomas Lucas 11:9 al pie de la letra, entonces si pides, recibirás. Dios no dice que no. Esto no es algo que dejó de estar vigente hace mucho tiempo. No está disponible sólo para algunos "súper-santos". ¡Todo el que pide recibe!

Todos tenemos experiencias en las que oramos y pedimos algo que no se realizó. En los primeros años de mi vida, presencié muchas muertes. En realidad, mi abuela me crió porque mis padres trabajaban. Oré por mi abuela, pero ella murió cuando yo tenía ocho años de edad. Cuando tenía doce años, durante seis meses oré todos los días para que mi papá sanara. Aunque él estaba muy enfermo y en el hospital, yo verdaderamente creía que él se iba a recuperar; sin embargo murió. A mis diez y ocho años, una muchacha con la que Jamie y yo teníamos una relación cercana murió. He tenido fe y he orado con otras personas por individuos que creíamos que Dios los iba a resucitar de entre los muertos. No sucedió. Antes de ver a mi primer resucitado, ya había orado por cuatro personas que murieron. Todos hemos pasado por experiencias como esas, claro.

La mayoría de los Cristianos no creen que Lucas 11:9-10 verdaderamente es así de simple, porque han vivido experiencias como éstas. Otra manera de decir esto es que la experiencia tiene más impacto en la vida del creyente que La Palabra de Dios. Si puedes comprender lo que te voy a compartir, ¡esto transformará totalmente la manera como te relacionas con Dios!

> *Pedís, y no recibís, porque pedís mal, para gastar en vuestros deleites.*
>
> Santiago 4:3

Por supuesto, debes pedir de acuerdo a La Palabra de Dios. Si algo no es parte de la expiación de Cristo, entonces Dios no te lo ha proveído. Por eso si pides el cónyuge de otra persona, Dios no te lo dará. Ni la fornicación, el adulterio, o la poligamia han sido proveídos a través de la muerte, el sepelio, y la resurrección de Jesucristo. ¡Dios es vida! Él no va a matar a alguien porque tú oraste y le pediste que lo hiciera. En Su expiación, el Señor proveyó toda clase de cosas buenas: gozo, paz, relaciones restauradas, sanidad, prosperidad, y mucho, mucho más. ¡Éstas son las cosas por las que deberías pedir!

"¡Pero lo hice y no sucedió!" Si tú pediste algo que es una promesa en La Palabra de Dios, entonces Él te lo dio. "¡No, no lo hizo!" ¿Cómo lo sabes? "¡Porque no lo vi!"
¿En serio?

¿Recibiste?

El problema es que tú piensas que puedes percibir con tus cinco sentidos lo que Dios hace o no hace. Si no puedes verlo, probarlo, escucharlo, olerlo, o sentirlo, entonces eso es una "prueba" de que Dios no lo hizo. La solución para salir de este atolladero está en entender la existencia del ámbito espiritual.

Dios es un Espíritu (Jn. 4:24). Cuando Él actúa, lo hace en el mundo espiritual. En el preciso momento en que pediste algo, Dios lo ordenó y fue dado. Aunque el favor se realizó en el espíritu, su manifestación en el ámbito físico depende mucho más de tu capacidad para recibir que de si Dios haya contestado tu oración. Decirlo así es simplificarlo, porque a veces otras personas forman parte del proceso, pero el meollo del asunto es tu capacidad para recibir en el ámbito natural lo que Dios ya te ha dado en el espíritu.

Dios contesta toda oración que está de acuerdo a Su Palabra. Sin embargo, no siempre vemos la manifestación porque no sabemos cómo recibir. ¡No es porque Dios no contestó!

"¿Estás diciendo que es mi culpa?" Sí, eso es lo que te estoy diciendo. Algunas personas se enojan mucho conmigo y piensan:

"¡Me estás condenando!". No, no es así. Sólo te estoy informando que si alguien falló, ¡no fue Dios!

¡Saber que Dios siempre es fiel me bendice! Él no está escogiendo sanar a una persona y dejar a otra enferma, o prosperar a ésta pero ignorar a otra, o darle gozo a ésta y no a la otra. La idea de que "Dios quería bendecir a esa persona y hacer sufrir a otra" no es verdad. ¡Dios no es así! En Su integridad, el Señor tiene un plan perfecto para todos y cada uno de nosotros que incluye salud, prosperidad, gozo, bendición, paz, y felicidad. Sólo que no todos reciben de Él. No es porque Dios no cumpla su promesa de dar, sino más bien, porque no todos saben cómo recibir. ¡Es así de simple!

---

[6] "Churchianity" en el original. N. del T.

CAPÍTULO 19

La Variable

El ejemplo de Daniel ilustra claramente cómo Dios por su fidelidad siempre contesta la oración. En Daniel 9, él oró y le preguntó a Dios sobre la profecía de Jeremías que decía que los hijos de Israel iban a estar en cautiverio setenta años (Dn. 9:1-3; Jer. 25:11-12). Más de setenta años ya habían pasado, y parecía que la profesía de Dios no se hubiera cumplido.

Como en nuestra época, los teólogos de entonces probablemente trataron de encontrar una justificación, diciendo: "¡Bueno, a lo mejor sucedió esto, o aquello, o todas estas otras cosas!" Pero Daniel oró y preguntó: "Señor, ¿cuál es el significado de esta profecía? Ya han pasado más de setenta años de cautiverio". Dios contestó su oración y le mostró que eran setenta semanas de años, que son en realidad 490 años de cautiverio (Dn. 9:24). También le dio a Daniel una profecía importante en relación al Mesías (Dn. 9:25-27). ¡Ésta es una revelación muy importante en La Palabra de Dios!

> Y volví *[yo, Daniel]* mi rostro a Dios el Señor, buscándole en oración y ruego, en ayuno, cilicio y ceniza. Y oré a Jehová mi Dios e hice confesión diciendo: Ahora Señor, Dios grande, digno de ser temido...Oye, Señor; Oh Señor, perdona; presta oído, Señor y hazlo; no tardes, por amor de ti

mismo, Dios mío; porque tu nombre es invocado sobre tu ciudad y sobre tu pueblo.

Daniel 9:3,4,19 (Los corchetes son míos)

Aún estaba hablando y orando, y confesando mi pecado y el pecado de mi pueblo Israel, y derramaba mi ruego delante de Jehová mi Dios por el monte santo de mi Dios; aún estaba hablando en oración, cuando el varón Gabriel, **[Éste era un ángel—el mismo que después le habló a Zacarías y a María (Lc. 1:19,26-27)]** *a quien había visto en la visión al principio, volando con presteza, vino a mí como a la hora del sacrificio de la tarde. Y me hizo entender, y habló conmigo, diciendo: Daniel, ahora he salido para darte sabiduría y entendimiento.*

Daniel 9:20-22 (los corchetes son míos)

Tres Minutos

Mientras Daniel todavía estaba orando, el ángel Gabriel apareció y le dio la respuesta de Dios. Toda la oración de Daniel no pudo haber tomado más de tres minutos. Sin embargo, el Señor contestó cuando él todavía estaba a la mitad de su oración. ¡Eso es poderoso!

Al principio de tus ruegos fue dada la orden, *y yo he venido para enseñártela, porque tú **eres** muy amado. Entiende pues, la orden, y entiende la visión.*

Daniel 9:23 (El énfasis es mío)

Fíjate en lo que el ángel dijo en relación a cuando contestó el Señor. "Al principio de tus ruegos, Dios dio la orden y aquí estoy con tu respuesta".

Si tú piensas que puedes percibir todo lo que sucede a tu alrededor en el ámbito espiritual, ¡te estás exaltando!

Mucha gente argumenta: "No hay tal cosa como tiempo, espacio, o distancia para Dios"; pero esta suposición no se puede comprobar en Las Escrituras. Piensan que si Dios quisiera sanar, prosperar, liberar, dar gozo, o lo que sea a alguien, todo lo que tiene que hacer es quererlo y—¡BOOM!—está hecho. Creen que: "Si Dios quiere que algo se haga, entonces—¡ZAS!—se realiza. ¡Nada puede retener o atrasar a Dios para que haga lo que quiere hacer!" Esto nos lleva a concluir equivocadamente que cuando no vemos nada, Dios no ha hecho nada. Sin embargo, Daniel 9 nos da un ejemplo donde se ve que Dios habló y que la respuesta se tardó aproximadamente tres minutos para manifestarse.

No estoy seguro por qué, pero hubo un período de tiempo entre el momento en que Dios actuó y el momento en que su actuación se manifestó. A lo mejor Gabriel estaba a cien millones de años luz de distancia y se tardó tres minutos para recorrer esa distancia. A lo mejor tuvo que hacer sus maletas o lavarse los dientes. Quién sabe lo que estaba haciendo. Pero transcurrieron tres minutos antes de que lo que Dios había ordenado se manifestara.

Considera el Ámbito Espiritual

¡Tres minutos no está tan mal! Los puedes aguantar si pasas al frente en una reunión para recibir oración y todo sale bien antes de que regreses a tu asiento. ¿Pero qué tal si la respuesta

¿Por qué Dios contesta una oración en tres minutos y otra en tres semanas?

se tarda tres semanas en vez de tres minutos? Allí es cuando la mayoría de la gente pierde su fe. Si no pueden ver o sentir la respuesta pronto, concluyen: "¡Pedí, pero Dios no contestó!" ¿Cómo lo sabes? ¿Cómo puedes estar seguro que el Señor no ha enviado tu respuesta y que ésta no está en el proceso de salir del ámbito espiritual hacia el ámbito físico? ¿Puedes ver toda la actividad que sucede en el ámbito espiritual a tu favor?

La mayor parte del tiempo, la gente ni siquiera considera esto. Sólo creen que si Dios quisiera, Él instantáneamente podría hacer cualquier cosa. Entonces, si algo no se manifiesta inmediatamente, significa que Dios no ha actuado. Realmente esto es sólo una forma de exaltar nuestras capacidades.

Si tú piensas que puedes percibir todo lo que sucede a tu alrededor en el ámbito espiritual, ¡te estás exaltando! En lo natural, hay bichos microscópicos y partículas de polvo flotando en el aire. Aunque no puedes percibirlos con tus cinco sentidos, sabes que existen. En el mundo espiritual, suceden muchas cosas de las que no te das cuenta. Es una actitud muy arrogante orar y pensar que no sucedió nada si no puedes ver, probar, oír, oler, o sentir la respuesta inmediatamente. ¡Hay más de lo que puedes entender con tu cerebro!

Sería fácil que concluyeras que tú y yo somos diferentes si yo compartiera un ejemplo de mi vida. Dirías: "¡Bueno, así te sucede a ti, Andrew. De una manera u otra, las cosas te funcionan mejor que a mí. Además, tú no estás teniendo los problemas que yo tengo en mi vida en este momento!" Si te diera un ejemplo de la vida de Jesucristo, podrías descartarlo diciendo: "¡Pero ése es Jesucristo! Él pudo hacerlo en aquel entonces, pero éste soy yo, aquí y ahora". Jesucristo era Dios, pero Él no operó a través de

Su divinidad. Él actuó por fe como un hombre del Pacto. Sucede lo mismo con los discípulos. Verdaderamente no hay diferencia entre ellos y tú como creyente vuelto a nacer—¡excepto en tu mente!

Tres Semanas

¡Daniel es un ejemplo fantástico! El mismo hombre oró en dos ocasiones diferentes y recibió dos resultados diferentes. Debería haber tenido más fe después de su encuentro milagroso en el capítulo 9. Él debería haber estado tan entusiasmado que los resultados de su vida de oración sólo deberían haber mejorado. En lugar de eso, ¡empeoraron! Esta vez pasaron tres semanas enteras para que pudiera recibir su respuesta.

> *En aquellos días yo Daniel estuve afligido por espacio de tres semanas. No comí manjar delicado, ni entró en mi boca carne ni vino, ni me ungí con ungüento, hasta que se cumplieron las tres semanas.*
>
> Daniel 10:2,3

Daniel estuvo afligido y se enfocó totalmente en Dios, pero aun así pasaron tres semanas para que recibiera su respuesta, en vez de tres minutos como en la ocasión anterior.

¿Te ha sucedido eso? ¿Algo por lo que oraste se realizó inmediatamente, pero luego otra cosa se tardó mucho? ¿Por qué Dios contesta una oración en tres minutos y otra en tres semanas? Ésa es una pregunta inadecuada. Dios no contestó una oración en tres minutos y otra en tres semanas. ¡Él contestó ambas inmediatamente!

Al principio de tus ruegos fue dada la orden (Dn. 9:23) y *desde el primer día que dispusiste tu corazón a entender y a humillarte en la presencia de tu Dios, fueron oídas tus palabras* (Dn. 10:12).

Dios contestó ambas oraciones instantáneamente, pero en una ocasión pasaron tres minutos antes de que la persona pudiera percibirlo y en la otra pasaron tres semanas. Lucas 11:9-10 dice: "Si tú pides, recibes". Dios instantáneamente contesta cada oración que está basada en una promesa de Su Palabra. Él ha contestado cada una de las oraciones de cada creyente que alguna vez ha orado de esta manera. ¡Dios nunca ha dejado de contestar una oración como ésas, nunca!

Sin embargo, hay cosas que suceden en el mundo espiritual que determinan qué tan rápido vendrán, o si no vendrán, las respuestas, hacia el ámbito físico. La manifestación de tu respuesta se ve afectada cuando te desanimas, te deprimes, o renuncias. Pudo haber habido una gran actividad en el ámbito espiritual. Pudiste haber estado muy cerca de ver la manifestación física, ¡pero te diste por vencido y renunciaste!

¿Qué tal si Daniel hubiera renunciado después de veinte días en el capítulo 10? La Escritura muestra que Dios ya había hablado y que la respuesta estaba en camino. Si Daniel hubiera dicho: "¡Caramba, la vez anterior sólo se tardó tres minutos. Esta vez, en cambio, mañana se cumplirán tres semanas. Renuncio!" Aunque todas estas cosas estuvieran sucediendo en el ámbito espiritual, su respuesta no se habría manifestado. La Palabra de Dios revela que esto es según el poder que actúa en nosotros (Ef. 3:20). Desde una perspectiva humana, parecía que Dios no había contestado la segunda oración de Daniel.

Una Oposición Demoníaca

*Mas el príncipe del reino de Persia se me opuso **[al mensajero angelical]** durante veintiún días; pero he aquí Miguel, uno de los principales príncipes, vino para ayudarme, y quedé allí con los reyes de Persia.*

Daniel 10:13 (Los corchetes son míos)

El mensajero angelical le dijo a Daniel cuál había sido el retraso: Una oposición demoníaca. Judas 9 y Apocalipsis 12:7 revelan que "Miguel" es un arcángel. Date cuenta cómo el mensajero había experimentado oposición desde el primer día que Daniel oró. Dios había respondido inmediatamente, pero el mensajero necesitaba la ayuda de Miguel para pasar a través de la resistencia demoníaca con la respuesta de Daniel.

Mucha gente no comprende que estamos viviendo en un mundo que tiene oposición demoníaca. Piensan que si Dios quiere hacer algo, simplemente puede hacerlo. Dios es mayor que el diablo, pero Satanás puede estorbarlo si una persona coopera y le da al enemigo autoridad para hacerlo. ¡Las cosas no funcionan automáticamente sólo porque son la voluntad de Dios y tú oraste por ellas!

Por eso me topé con toda clase de resistencia la vez que fui a vaciar un hospital. Empezaba a emocionarme en relación a la sanidad y pensé: "¡Esto es maravilloso! ¡Es la voluntad de Dios que todos sean sanos!" Aunque eso es verdad y tenía fe, los enfermos ahí no lo recibieron muy bien.

Un hombre en una silla de ruedas agarró su muleta y agitándola en el aire me persiguió por el pasillo en su silla de ruedas, mientras me gritaba "¡Dios me hizo así! ¡Es Su voluntad que esté enfermo. Estás blasfemando a Dios!"

¡Dios siempre es constante!

En otra ocasión un africano moribundo estaba postrado enfrente de mí. Habían llamado a sus familiares, y los doctores estaban trabajando diligentemente. Uno de los familiares me había invitado a orar por él. Cuando estaba ahí, vi como el personal médico lo resucitó de la muerte a través de un tratamiento de electroshock. Con gentileza le dije: "Voy a orar por ti. Es la voluntad de Dios que sanes ahora mismo".

Él contestó: "Bueno, si es la voluntad de Dios".

"¡Es la voluntad de Dios! Vas a estar bien".

Luego este hombre, que había sido resucitado una vez ahí mismo en su lecho de muerte, se enojó y me gritó: "¡No! ¡No puedes decir que es la voluntad de Dios que yo sane!" Los doctores me agarraron y me lanzaron a la calle fuera del hospital simplemente porque le dije: "Es la voluntad de Dios que estés bien". Él murió. Era la voluntad de Dios que sanara, pero su incredulidad impidió que sucediera.

Ellos Deciden

Una mujer que había estado orando para que un miembro de su familia sanara estaba batallando y estaba confundida debido a que no había visto manifestación. Cuando preguntó qué estaba haciendo mal, le dije que a lo mejor nada. En realidad el problema podría ser la manera como este familiar estaba creyendo en su corazón. Que alguien hable y actúe como si tuviera fe para recibir sanidad, no significa que verdaderamente la tenga.

Don Krow y yo visitamos la casa de un hombre casi a diario por meses. Le ministramos constantemente. Un día, esta persona estaba tan débil que apenas podía levantar el auricular del teléfono. Su esposa tuvo que sostenerle el auricular en su oído mientras yo le decía: "¡No te vayas a morir hasta que llegue allí!" Don y yo fuimos a su casa y empezamos a ministrarle. Mejoró tanto que por un tiempo estuvo muy bien y pudo caminar, comer, y manejar.

Luego se desanimó. Aunque él no le había revelado su desánimo a otros, el Señor le habló a mi corazón un día cuando estaba con él. "Él se dio por vencido. Decidió que se va a venir a su morada eterna para estar conmigo". Esta persona estaba envejeciendo y batallando. Aunque no era la voluntad de Dios que él muriera, tampoco era un pecado que quisiera morir.

Le dije a su esposa: "El Señor me habló y me dijo que tu esposo se ha dado por vencido y que decidió irse al cielo. Creo que es la voluntad de Dios que él esté bien; pero, ¿sabes qué? Si él se quiere ir al cielo, eso no tiene nada de malo". Continué: "Tienes que decidir. Puedes continuar creyendo en contra de su voluntad que se recuperará, aunque eso no funcionará, o puedes disfrutar los últimos días que les quedan juntos. Puedes arruinar estos días; o puedes alabar a Dios porque sabes a dónde va y puedes amar a tu esposo en su partida".

Enojada, me reprendió, acusándome: "¡No tienes fe!"

Continué mis visitas, orando por su sanidad, y fingiendo, pero yo sabía en mi corazón lo que Dios había dicho. Este hombre murió. En su funeral la gente se estaba preguntando: "¿Por qué no funcionó? ¡No lo comprendo!"

Después de su muerte, su esposa encontró su diario. En la fecha exacta que hablé con ella, él había escrito: "Acabo de decidir que me voy a ir a mi morada eterna, pero voy a continuar actuando como si estuviera creyendo para que la gente a mi alrededor no se decepcione". Él fingió; y nos preguntamos: "¿Por qué?"

¡Dios Siempre es Constante!

No siempre sabes lo que sucede en el interior del corazón de otra persona. Si tú asumes la responsabilidad y dices: "¡Oré y creí, pero Dios no contestó. Si verdaderamente fuera Su voluntad sanar, entonces habría sanado!" Eso es pretender tener un conocimiento y una capacidad que no tienes. No siempre sabes lo que verdaderamente está sucediendo.

Sin embargo, ¡Dios siempre es constante! De acuerdo a Su Palabra—que es lo único en lo que podemos basar nuestras vidas—Dios declara: "Por sus llagas fuimos sanados" (1 P. 2:24). Si por Él fuera, todos serían sanados de sus enfermedades y dolencias. Eso es lo que la Biblia enseña. ¡Debes actuar de acuerdo a lo que La Palabra dice!

¡La variable no es Dios; es el diablo! Dios contestó las dos oraciones de Daniel instantáneamente, pero Satanás se opuso y retrasó la manifestación de la respuesta en la segunda ocasión.

> **Hay una gran diferencia entre la manera como oraban en el Antiguo Pacto y la manera como oramos en el Nuevo Pacto.**

Mucha gente equivocadamente cree que el diablo es infalible y confiable todo el tiempo. ¡Piensan que nunca deja de actuar en forma regular! Aunque posiblemente no lo admitan, eso es verdaderamente lo que creen. La gente con frecuencia me dice que ha hecho todo lo que saben que deberían hacer, pero todavía no están seguros si Dios les va a ayudar. Sin embargo si cometen el más mínimo error, no dudan que Satanás los castigará. ¡Estos Cristianos tienen más fe en el diablo que en Dios!

Debes saber que Satanás falla muchas veces. ¿Por qué no peleó en contra de la oración en Daniel 9? ¡Probablemente falló!

Una multitud de elementos pueden penetrar y estorbar o desacelerar la manifestación del poder de Dios.

¡El Diablo es la Diferencia!

Los demonios no procrean; ni tienen "bebés". No hay nuevos demonios que aparezcan constantemente. A lo mejor había muchos espíritus malos por persona en la época de Eva y Adán, pero desde aquel entonces probablemente se ha ido produciendo una escasez de demonios.

Por lo tanto, ¡no hay un diablo para cada persona! Seguramente mucha gente cree que sí tiene uno, pero no es cierto; el demonio no puede hablarle a todas las personas todos los días. ¡Le falta personal! Satanás tiene que escoger a quién va a mortificar personalmente. De la misma manera que un predador ataca a una manada de animales, él escoge a los débiles y a los que se separan de la manada. Hay cosas que atraen a los espíritus malignos hacia nosotros, ¡pero la verdad es que no todos tienen un demonio atacándolos todos los días!

El diablo estaba ocupado haciendo todo lo que pudo en contra del reino de Dios cuando Daniel oró. Probablemente pensó que la oración de Daniel no tenía la más mínima oportunidad de abrirse paso, así que tranquilamente permitió que la oración se infiltrara en el capítulo 9. Sin embargo, después de que esa formidable respuesta y revelación vinieron, Satanás comisionó a un gran poder demoníaco para asegurarse que Daniel no infiltrara otras oraciones.

Hay una gran diferencia entre la manera como oraban en el Antiguo Pacto y la manera como oramos en el Nuevo Pacto. Ellos tenían que abrirle el paso a sus oraciones, pero nosotros como creyentes en Cristo tenemos a Dios mismo viviendo en nuestro interior. El principio que quiero que veas es que el diablo comisionó a un demonio para que estorbara la respuesta de Dios a la oración de Daniel. Ésta fue la causa de la diferencia entre los tres minutos y las tres semanas. ¡Dios no es la variable; Satanás sí lo es!

CAPÍTULO 20

Quitando los Obstáculos

La mayoría de los Cristianos dudan de Dios cuando al orar no ven instantáneamente su respuesta. Se quejan: "Señor, ¿qué estás haciendo? ¿Por qué no has contestado mi oración?". Estos creyentes no consideran que a lo mejor el diablo los está estorbando o simplemente su respuesta se está tardando un poco para manifestarse.

La idea equivocada de que: "Dios puede hacer cualquier cosa instantáneamente", se convierte en una inmensa brecha para todo tipo de incredulidad. El Señor estableció este mundo con cosas como el tiempo y el espacio. Si tú recuerdas que es posible que se necesite tiempo para que las cosas sucedan y que los demonios pueden estorbar tu respuesta, eso te ayudará cuando ores y la manifestación no venga inmediatamente. En vez de dudar de Dios inmediatamente, dudarás de ti o sospecharás del diablo. Una multitud de elementos pueden penetrar y estorbar o desacelerar la manifestación del poder de Dios.

Un amigo mío me escuchó enseñar esto hace más de quince años. En ese tiempo, él había estado tratando de vender su casa durante dos años. Como él no quería pagar comisión a un vendedor, puso un letrero en su jardín: Casa en venta; trato directo. Casi todos los días durante dos años él había orado fielmente: "Dios, te estoy pidiendo que vendas mi casa". Sin embargo, muy pocas personas la vieron, y en realidad no estaba sucediendo nada.

Luego me escuchó predicar este mensaje y lo aplicó a su situación. El Señor le dijo: "Bob, le hablé a alguien para que comprara tu casa el primer día que pusiste ese letrero en tu jardín. Yo he actuado para vender tu casa, pero hay obstáculos demoníacos en contra de esto".

La mayoría de la gente ora: "Dios, por favor vende mi casa". Luego, si no se vende, se preguntan: "Señor, ¿por qué no lo has hecho?" Dios no va a comprar tu casa personalmente. Él enviará a alguien que lo haga. Debes darte cuenta que con frecuencia otras personas tienen que ver con la manifestación de la respuesta a tu oración.

Dios Envía Su Provisión a Través de la Gente

Cuando tú le pides dinero a Dios, ¡Él lo envía a través de la gente!

> *Dad, y se os dará; medida buena, apretada, remecida y rebosando **darán[los hombres][7] en vuestro regazo**; porque con la misma medida con que medís, os volverán a medir.*
> Lucas 6:38 (El énfasis es mío)

Dios da a través de la gente la provisión que pediste. Él no tiene billetes ni monedas que sean suyos, y definitivamente no va a falsificar dinero ni a robarlo. Dios tampoco crea dinero ni lo pone en tu billetera. Él le habla a las personas y satisface tus necesidades a través de ellas. Por eso todo lo que Satanás tiene que hacer para bloquear tus ingresos es estorbar a la gente.

El Señor recientemente guió a nuestro ministerio a expandir el alcance televisivo y a comprar un edificio nuevo. Como yo entiendo que Él manifiesta Su provisión a través de la gente, he sido muy honesto en relación al aumento de nuestros gastos. Debido a esto, he recibido muchos reproches de individuos que dicen: "¡Si fueras un hombre de fe, nunca tendrías que pedirle nada a la gente. Dios cuidaría de ti!" Tienen la idea de que si tienes una necesidad, Dios simplemente la satisface de manera sobrenatural.

Un hombre puso el ejemplo de George Mueller. George administraba un orfanato muy grande en Inglaterra y apoyaba a muchos misioneros por el mundo. Era famoso por su fe en Dios para la provisión. Mueller se sentaba a la mesa a comer con cientos de niños y empezaba a orar por la comida, ¡sabiendo que no había nada para servir! En ese instante, unos camiones se estacionaban y algunas personas descargaban gran variedad de comida. Este hombre escribió: "¡George Mueller nunca le habló a nadie de su necesidad, excepto a Dios. Tú no eres un hombre de fe si le tienes que decir a la gente lo que necesitas!"

Aunque es verdad que esas cosas sucedieron, el hombre mencionado omitió el hecho de que George Mueller publicaba un folleto mensual, que incluía una lista detallada de sus necesidades. Sucedió que mientras oraba con fe por la comida, alguien que había leído el folleto llegó con su contribución. Por supuesto que eso es natural, ¡pero Dios usa a la gente!

Vence la Oposición

En los últimos años de la década de los ochentas del siglo pasado, el ingreso de nuestro ministerio fue afectado cuando dos famosos tele-evangelistas se metieron en problemas. Yo todavía

Algunas cosas deben crecer y desarrollarse antes de que puedas ver su manifestación.

no había tenido acceso a la televisión, pero estaba predicando La Palabra de Dios por todo el país en la radio. ¿Por qué disminuyó nuestro ingreso en decenas de miles de dólares en esos meses? ¡Porque Dios usa a la gente para proveer a nuestras necesidades! Aunque no tuvimos nada que ver con ninguno de esos hombres, la gente perdió la confianza en los ministerios que usan medios masivos de comunicación. El miedo, la duda, y la crítica vinieron, y la gente dejó de darle dinero a los ministerios que usan medios masivos de comunicación. Por un tiempo, yo sufrí por eso, pero no por mi incredulidad. Satanás obstaculizó nuestros ingresos a través del temor y la desconfianza que otras gentes sintieron. Yo no me enojé con Dios ni le reclamé: "¿Por qué disminuiste mis ofrendas?" No era el Señor; ¡el diablo estaba obstaculizando a la gente!

Cuando las personas se van de vacaciones en el verano, muchos no toman en serio las promesas que hicieron para apoyar a nuestro ministerio. En lugar de eso, usan para su viaje el dinero que normalmente le dan a Dios. Nuestro ministerio sufre por eso; sin embargo no me enojo con Dios. ¡Él usa a la gente!

Mi amigo, que le había estado pidiendo a Dios que vendiera su casa, se arrepintió y oró: "Padre, gracias que el primer día que puse mi casa a la venta, Tú le hablaste a alguien para que la comprara. No eres Tú el que no ha contestado, sino Satanás el que ha obstaculizado". Por lo tanto, ató al diablo. Como mi amigo no sabía cómo lo estaba haciendo el enemigo, oró en lenguas por la situación y tuvo fe en que Dios se encargaría de eso.

Y así fue: dos días después, un hombre vino con dinero en la mano para comprar la casa de mi amigo. Cuando estaban cerrando el trato, el comprador le dijo a mi amigo: "El primer día que pusiste ese letrero en tu jardín hace dos años, le dije a mi esposa, '¡Ésa es nuestra casa!' Desde entonces he estado tratando de juntar el dinero". Aunque no era Cristiano, comentó: "¡Es sobrenatural lo que ha sucedido! El hombre que quería comprar mi casa, primero tenía que vender la suya. Había enfrentado obstáculos por dos años, sin embargo luego lo más extraño sucedió. Hace dos días, se acercó a mí, tenía el dinero, cerramos el trato, ¡y ahora aquí estoy comprando tu casa!"

Satanás había estado obstaculizando, a través de otra persona, la manifestación de la respuesta que Dios le había dado a mi amigo. Cuando mi amigo cambió su oración, Dios destruyó la oposición del diablo, y la respuesta se manifestó. En vez de pedirle al Señor todos los días que vendiera su casa y luego preguntarse por qué todavía no lo había hecho, mi amigo comenzó a orar así: "Padre, creo que Tú ya contestaste mi oración. Tú ya has hablado, pero de alguna manera el enemigo ha estado obstaculizando". "¡Por favor dame tu sabiduría para saber cómo orar!" ¡Qué diferencia!

Disminuye el Período de Tiempo

Como era un santo del Antiguo Testamento, Daniel no tenía autoridad sobre el diablo. Por lo tanto, él no pudo reprender la entidad demoníaca llamada "el príncipe de Persia" (Dn. 10:13). Aunque Daniel hubiera sabido que el problema entre los capítulos 9 y 10 era demoníaco, no habría sido capaz de hacer nada al respecto. Sin embargo, como creyentes del Nuevo Pacto, sí tenemos autoridad sobre el diablo (Lc. 9:1).

Dios siempre contesta la oración instantáneamente. Si tú comprendes esta verdad, entonces, cuando la manifestación de tu respuesta se retrasa, sabrás que es tu fe la que se está debilitando o el diablo el que está obstaculizando—o ambas cosas.

Por tanto, os digo que todo lo que pidiereis, orando, creed que lo recibiréis, y os vendrá [tiempo futuro].

Marcos 11:24 (Los corchetes son míos)

También debes reconocer que algunas cosas requieren un período de tiempo para manifestarse. La sanidad debería ser instantánea, ¡pero no puedes meter tu ministerio (la obra que Dios te ha dado, como misionero, pastor, maestro o lo que sea) en el microondas! Eso depende de tu madurez y de tu carácter. Algunas cosas deben crecer y desarrollarse antes de que puedas ver su manifestación. Pero Dios siempre es fiel para contestar cada oración.

En el año de 1976 tenía un quiste en un ganglio de mi brazo. No me dolía pero estaba tan grande que, para que la gente no lo viera, yo lo cubría con la correa de mi reloj de mano. Aunque la correa era elástica, finalmente el ganglio creció hasta llegar a sobresalir por debajo de mi reloj. Después de que oraba por eso todos los días y decía: "Padre, recibo mi sanidad", ponía esa mano en mi espalda para no tener que verlo. Yo ignoraba ese quiste en el ganglio pensando que eso era fe. No quería ver nada que fuera contrario a lo que estaba esperando por fe. Bueno, eso es mejor que orar, ver el problema, y luego decir: "¡No funcionó!" Pero hay una mejor manera de orar.

Desde entonces, he aprendido que es mejor ver directamente el problema y declarar: "¡Sé que Dios ya ha contestado mi oración porque Su Palabra así lo dice!" Si Su respuesta no se manifiesta, sé que el problema no es que el Señor no haya dado, sino que yo o el diablo o algo más se está interponiendo. Tomo mis armas espirituales y las uso para disminuir el período de tiempo entre el "amén" y el "ahí está" (la manifestación).

Esencialmente depende de ti qué tan rápido se manifestarán las respuestas a tus oraciones.

Cuando sabes en tu corazón que Dios ya te lo ha dado en el ámbito espiritual, no tienes que esperar tres semanas, como Daniel lo hizo, para que la respuesta se manifieste en el ámbito físico. Como prosélito del Señor Jesucristo, toma tu autoridad y ordénale al diablo que se vaya. En vez de hablarle a Dios al respecto, háblale directamente al problema. Luego actúa con base en La Palabra de Dios. ¡No te sientes a esperar ociosamente; haz algo!

¡Depende de Ti!

Una mujer me compartió el testimonio de su dolor en un diente. Ella había estado orando y haciendo todo lo que sabía. Después de que le habló al diente, empezó a alabar a Dios y a agradecerle porque su sanidad ya se había realizado. Cuando le pidió a Dios sabiduría, Él le dijo que ejerciera su autoridad y que dijera: "¡Satanás, en el nombre de Jesucristo te ordeno que me dejes en paz!" En cuanto dijo esas palabras, todo el dolor se fue inmediatamente. Aparentemente, el dolor en su diente no era sólo físico. Era algo espiritual, una cosa demoníaca.

Dios siempre contesta las oraciones instantáneamente, pero tú no siempre sabes cuál podría ser el obstáculo. A veces es necesario un período de tiempo para que sepas qué hacer. Usa la sabiduría y ora en el Espíritu hasta que Dios te guíe en cierta dirección. Luego, toma tu autoridad y trata de resolver el problema. Esto acortará la cantidad de tiempo entre el "amén" y el "ahí está". Esencialmente depende de ti qué tan rápido se manifestarán las respuestas a tus oraciones.

Jesucristo usó esta misma estrategia mientras oraba por un hombre ciego (Mr. 8:22-26). Él sacó al hombre del pueblo, oró por él, y le preguntó qué veía. Algunos dirían: "¡Bueno, eso es

Como sabes que ya lo tienes (en el ámbito espiritual), la manifestación (en el ámbito físico) viene rápidamente.

incredulidad!" No, Jesucristo no estaba preguntando: "¿Funcionó?" Él sabía que Dios había dado. La razón por la que sacó al hombre del pueblo fue principalmente porque Betsaida estaba muy llena de incredulidad.

Jesucristo dijo:

"¡Ay de ti, Betsaida!" que si en Tiro y en Sidón se hubieran hecho los milagros que se han hecho en vosotras, tiempo ha que se habrían arrepentido.

Lucas 10:13

Betsaida era una de las ciudades con más incredulidad que Jesucristo había visitado. Él tuvo que tomar a este hombre de la mano y alejarlo de la incredulidad de la gente del pueblo.

Aunque Jesucristo sacó al hombre del pueblo, ¡sabía que no había sacado a todo el pueblo del hombre! El Señor percibió que todavía había algunos obstáculos de incredulidad en él. Jesucristo oró sabiendo que Su Padre ya había desatado el poder. Por lo tanto, no estaba preguntando: "¿Funcionó?" sino más bien "¿Recibiste?" "¿Todavía estás teniendo problemas?" El Señor enfrentó el problema físico y lo vio cara a cara.

Cuando el hombre manifestó sólo parcialmente la sanidad, Jesucristo oró por él otra vez. Eso haría que lo expulsaran de la mayoría de las escuelas bíblicas porque se piensa que: "¡No es fe si pides algo dos veces!" El Señor no pidió nada dos veces. Él creyó y recibió en la primera vez. La segunda vez, ejerció Su poder y autoridad espirituales y los usó. ¡Si el diablo resistió una dosis, seguramente no resistiría dos! Así que Jesucristo oró una vez más y el hombre vio claramente.

Así es cómo nuestros ministros de oración oran en nuestras reuniones. No le pedimos a Dios sanidad y luego te sonreímos, diciendo: "¡Parte en paz. Que Dios te bendiga!" No, te preguntamos si has recibido la manifestación total. "¿Todavía te duele? ¿Te puedes mover?" Si no tienes una manifestación total,

Si la fidelidad de Dios está en duda, ¡entonces todos estamos en un apuro!

empezamos a ejercer la autoridad, hablándole a las partes enfermas de tu cuerpo, y les ordenamos que funcionen. Aunque no vemos que todas las personas sanan, la mayoría de la gente sí recibe la manifestación completa de su sanidad. ¡Gloria a Dios!

---

[7] En el original que se basa en la versión King James, dice: "Shall MEN give into your bossom". N. del T.

CAPÍTULO 21

¡Puedes Recibir de Dios!

Así que la fe es por el oir, y el oir, por la palabra de Dios.

Romanos 10:17

Cuando escuchas la enseñanza de La Palabra de Dios en relación a la sanidad, la liberación, la prosperidad, o cualquier otra cosa que Jesucristo proveyó en la expiación, tu fe se fortalece para recibir. Una vez que sabes que ya lo tienes (en el ámbito espiritual), la manifestación (en el ámbito físico) viene rápidamente. Conforme tu conocimiento y tu comprensión sobre algo se incrementan con base en La Palabra, puedes desatar tu fe y ver la manifestación más rápidamente.

Cuando ministres sanidad, debes darte cuenta que la persona por la que estás orando desempeña un papel determinante sobre el hecho de que reciba o no. No puedes asumir su responsabilidad, pero sí puedes ser un elemento eficaz en el proceso. Ni Jesucristo pudo neutralizar la incredulidad de algunos (Mr. 6:5,6).

¡Dios es Fiel!

Muchas veces he ministrado a lo largo de las filas de oración en los servicios. Oro por una persona y no lo obtiene, sin embargo la siguiente persona sana instantáneamente; continúo hacia el siguiente individuo, y no recibe, pero la siguiente persona sí. ¡No es posible que yo pueda ser tan inconstante en la misma reunión!

En una ocasión oré por una fila entera de gente en la que nueve personas recibieron y una no. Eso no significa que esta persona sea mala o que no ame a Dios. Tú puedes amar a Dios con todo tu corazón y aun así no comprender cómo funciona la fe.

¡Leonardo da Vinci era un genio! Siglos atrás diseñó helicópteros que en nuestra época han sido fabricados y han volado. Él era un hombre brillante en su época, pero no conocía la electricidad. El hecho de que Leonardo no sabía algo que tú sí sabes, no significa que era tonto. Sólo significa que ignoraba esa verdad en particular.

La fe funciona por el conocimiento de La Palabra. Dios ya ha sanado a todas las personas. Cuando tú pides y crees, el poder se libera instantáneamente. Si no ves que se manifiesta, no es Dios el que no ha dado. O todavía no has recibido, o hay algún obstáculo demoníaco que está evitando la manifestación. ¡Dios es fiel! ¡Creelo y nunca lo dudes!

Nunca verás el milagroso poder de Dios con constancia si te rindes y empiezas a decir: "Bueno, hay excepciones. A lo mejor Dios les da enfermedad a algunos para enseñarles algo. A lo mejor Él quiere que algunos sufran. Probablemente ellos no han sido suficientemente buenos, o no han ayunado lo suficiente, ¡o qué sé yo!". La Palabra de Dios es totalmente verdadera; nunca fluctúa ni varía. Nunca transijas en cuanto a la verdad de la fidelidad inquebrantable de Dios. Si ves que algo no sucede, no es la culpa de Dios. ¡Es tu culpa! No estoy tratando de condenarte, más bien estoy tratando de bendecirte, informarte, e instruirte. Si la fidelidad de Dios está en duda, ¡entonces todos estamos en un apuro!

"¿Puedes Ver mi Dedo?"

En 1976 prediqué este mensaje en Childress, Texas. Lo anunciamos como un servicio de sanidad: "¡Trae a los ciegos, a los sordos, y a los cojos!" Después de predicar La Palabra, invité a la gente para que se acercara al frente para ministrarles. Un muchacho de diez y siete años que no podía ver con un ojo accedió. Oré por él y le ordené a su ojo que viera. Luego le pedí que se cubriera su ojo sano y que viera a través del ojo enfermo. Pregunté: "¿Puedes ver mi dedo?" ¡Ni siquiera podía percibir la luz! Tuve que voltear su cara y decirle: "¡No, del otro lado!". Inmediatamente, sentí la incredulidad de la gente. Para ellos, si no ven algo, eso significa que Dios no lo hizo.

Así que terminé la reunión diciendo: "Los que no entienden y no están de acuerdo, váyanse. Pero los que crean que Dios ya lo hizo sin importar si lo podemos ver o no, y que depende de nosotros que se manifieste, quédense". Nos quedamos cerca de veinte personas.

Continuamos orando por él. Aproximadamente cada cinco minutos, me detenía y le preguntaba: "¿Puedes ver mi mano?" ¡No podía ver nada!

En mi corazón dije: "¡Dios, sé que esto es verdad. Dame una palabra de sabiduría para que podamos vencer esto y que le demostremos a esta gente la verdad de tu Palabra!" Mientras continué orando, pregunté: "¿Dios, cuál es el problema?" Percibí este pensamiento en mi corazón: "Él no necesita una sanidad; ¡necesita un milagro!" Antes de que el Señor me dijera eso, ni siquiera había considerado la diferencia entre una sanidad y un milagro. Así que continúe meditando sobre esto y orando en lenguas, preguntándome: "Dios, ¿qué significa esto 'él no necesita una sanidad, necesita un milagro'?"

Milagro Recibido y Manifestado

Mientras estaba pensando, Don Krow mi pastor asociado anunció: "Dios me habló y dijo que este muchacho no necesita sanidad. ¡Necesita un milagro!" Pensé: "¡Ése tuvo que haber sido Dios!" así que nos detuvimos, y le pregunté a este joven: "¿En qué consiste tu problema?"

Él contestó: "Cuando era un bebé, tuve una infección en el ojo y tuvieron que quitarme, por medio de una operación quirúrgica, mi cristalino y mi retina. ¡Ni siquiera tengo las partes necesarias para poder ver!"

Le dije: "¡No necesitas sanidad. Necesitas un milagro!" Entonces ahuequé mis manos y las puse, sobre su ojo y declaré: "¡Cristalino y retina, les ordeno que vengan a este ojo ahora en el nombre de Jesucristo!" Luego le pedí que se cubriera su ojo sano y le pregunté: "¿Cuántos dedos tengo levantados?" Él contestó: "¡Uno!" ¡Pudo ver!

Algunas personas piensan: "Bueno, cuando hiciste eso fue cuando Dios actuó". ¡No! Dios actuó hace dos mil años a través de la muerte, el entierro, y la resurrección de Su Hijo. Él había contestado mi oración instantáneamente hacía media hora, y Su poder ya había estado funcionando. Sólo que no lo habíamos dirigido correctamente. ¡Todavía no le habíamos hablado a la montaña!

Si no hubiéramos perseverado en la oración, posiblemente ese muchacho todavía estaría incapacitado de ver con ese ojo preguntándose: "¿Dios, qué pasó?" Era nuestra incredulidad tanto como la suya, pero decidimos permanecer firmes y orando. Aunque nos tardamos treinta minutos para recibir una palabra de Dios para hacer lo que era necesario, ¡creímos

Experimentarás la libertad y el gozo que vienen a través de conocer a Dios en espíritu y en verdad.

y el milagro se manifestó! Para nosotros, eso valió la pena.

Adopta Esta Actitud

Tú permites que los doctores te sometan a protocolos, tratamientos y operaciones que duran horas, días, y semanas y que cuestan cientos y miles de dólares; pero si pasas al frente y le pides a Dios que te sane y no estás sano cuando regresas a tu asiento, ¿significa que Él falló? ¡Por favor!

¡Es cierto que no eres Jesucristo, pero en este momento tú eres lo mejor que Él tiene para obrar a través de ti! Tu perseverancia en la oración podría significar para una persona la diferencia entre recibir su milagro o no recibirlo. A lo mejor te llevará algo de tiempo, pero te invito a que tomes esta actitud: "Si puedo mover al diablo un centímetro, lo puedo mover un kilómetro—¡aunque tenga que hacerlo centímetro a centímetro!"

¡Tú puedes recibir de Dios!

CONCLUSIÓN

Como dije al principio de este libro, lo que estoy compartiendo no es La Única Manera Para Orar ni significa que Estás Totalmente Equivocado Si No Oras De Esta Manera. Este libro se refiere a Una Mejor Manera de Orar. Yo he hecho todas las cosas que dije que están mal, y sin embargo todavía amo a Dios y Él me ama a mí. Pero desde que he estado orando de la manera como enseño en este libro, he visto una gran mejoría en los resultados que obtengo.

En mis oraciones le pido al Señor que tome estas cosas que te he compartido y que te dé una nueva revelación de lo que la oración es y cómo pueden ser más eficaces tus oraciones. Creo que el Señor usará estas verdades para sacarte de cualquier tradición religiosa que anule el poder de La Palabra de Dios en tu vida. Experimentarás la libertad y el gozo que vienen a través de conocer a Dios en espíritu y en verdad.

Y conforme recibes esto, y estas verdades te liberan, oro para que el Señor te dé oportunidades para compartir estas cosas con otros, para que ellos también puedan empezar a experimentar ¡Una Mejor Manera de Orar!

RECIBE A JESUCRISTO COMO TU SALVADOR

¡Optar por recibir a Jesucristo como tu Señor y Salvador es la decisión más importante que jamás hayas tomado!

La Palabra de Dios promete: **"Si confesares con tu boca que Jesús es el Señor, y creyeres en tu corazón que Dios le levantó de los muertos, serás salvo"** (Ro. 10:9-10). **"Todo aquel que invocare el nombre del Señor, será salvo"** (Ro. 10:13).

Por su gracia, Dios ya hizo todo para proveer tu salvación. Tu parte simplemente es creer y recibir.

Ora con voz alta: **"Jesús, confieso que Tú eres mi Señor y mi Salvador. Creo en mi corazón que Dios te levantó de entre los muertos. Por fe en Tu Palabra, recibo ahora la salvación. ¡Gracias por salvarme!"**

En el preciso momento en que entregaste tu vida a Jesucristo, la verdad de Su Palabra instantáneamente se lleva a acabo en tu espíritu. Ahora que naciste de nuevo, hay un Tú completamente nuevo.

RECIBE AL ESPÍRITU SANTO

Como Su hijo que eres, tu amoroso Padre Celestial quiere darte el poder sobrenatural que necesitas para vivir esta nueva vida.

Todo aquel que pide, recibe; y el que busca, halla; y al que llama, se le abrirá...Si vosotros...sabéis dar buenas dádivas a vuestros hijos, ¿cuánto más vuestro Padre celestial dará el Espíritu Santo a los que se lo pidan?

Lucas 11:10,13

¡Todo lo que tienes que hacer es pedir, creer y recibir!

Ora: **"Padre, reconozco mi necesidad de Tu poder para vivir esta nueva vida. Por favor lléname con Tu Espíritu Santo. Por fe, ¡lo recibo ahora mismo! Gracias por bautizarme. Espíritu Santo, eres bienvenido a mi vida".**

¡Felicidades! ahora estás lleno del poder sobrenatural de Dios. Algunas sílabas de un lenguaje que no reconoces surgirán desde tu corazón a tu boca (1 Co. 14:14). Mientras las declaras en voz alta por fe, estás liberando el poder de Dios que está en ti y te estás edificando en el espíritu (1 Co. 14:14). Puedes hacer esto cuando quieras y donde quieras.

Realmente no interesa si sentiste algo o no cuando oraste para recibir al Señor y a Su Espíritu. Si creíste en tu corazón que lo recibiste, entonces La Palabra de Dios te asegura que así fue. **"Por tanto, os digo que todo lo que pidiereis orando, creed que lo recibiréis, y os vendrá"** (Mr. 11:24). Dios siempre honra Su Palabra; ¡créelo!

Por favor, escríbeme y dime si hiciste la oración para recibir a Jesús como tu Salvador o para ser lleno del Espíritu Santo. Me gustaría regocijarme contigo y ayudarte a entender más plenamente lo que ha sucedido en tu vida. Te enviaré un regalo que te ayudará a entender y a crecer en tu nueva relación con el Señor. "¡Bienvenido a tu nueva vida!"

OTRAS PUBLICACIONES
DE ANDREW WOMMACK

Espíritu, Alma y Cuerpo

El entender la relación entre tu espíritu, alma y cuerpo es fundamental para tu vida Cristiana. Nunca sabrás en realidad cuánto te ama Dios o creerás lo que Su Palabra dice sobre ti hasta que lo entiendas. En este libro, aprende cómo se relacionan y cómo ese conocimiento va a liberar la vida de tu espíritu hacia tu cuerpo y tu alma. Puede inclusive explicarte por qué muchas cosas no están funcionando de la forma que esperabas.

Código del artículo: 701

Título en inglés: *Spirit, Soul and Body*
ISBN: 1-59548-063-3

El Nuevo Tú

Es muy importante entender lo que sucedió cuando recibiste a Jesús como tu Salvador. Es la clave para evitar que La Palabra que fue sembrada en tu corazón sea robada por Satanás. La enseñanza de Andrew provee un fundamento sólido de las Escrituras que te ayudará a entender. La salvación es sólo el inicio. Ahora es tiempo de ser un discípulo (aprender de Él y seguirlo). Jesús enseñó mucho más que sólo el perdón de pecados; Él trajo al hombre a una comunión con el Padre. Desde la perspectiva de Dios, el perdón de los pecados es un medio para alcanzar un objetivo. La verdadera meta es tener comunión con Él y ser más como Jesús.

Código del artículo: 725

El Espíritu Santo

¡Aprenda por qué el bautismo del Espíritu Santo es una necesidad absoluta! Vivir la vida abundante que Jesús proveyó es imposible sin esto. Antes de que los discípulos de Jesús recibieran al Espíritu Santo, eran hombres débiles y temerosos. Pero, cuando fueron bautizados con el Espíritu Santo en El día de Pentecostés, cada uno se volvió un poderoso testigo del poder milagroso de Dios. En Hechos 1:8 Jesús nos dice que el mismo poder está disponible para nosotros.

Código del artículo: 726

La Gracia, el Poder del Evangelio

Encuestas recientes indican que la mayoría de los Cristianos, aquellos que aseguran ser renacidos, creen que su salvación depende por lo menos en parte de su comportamiento y de sus acciones. Sí, creen que Jesús murió por su pecado, pero ya que lo han aceptado como su Salvador creen que aún deben cubrir ciertos estándares para ser lo suficientemente "buenos". Si eso es verdad, entonces ¿cuál es el estándar y cómo sabes que ya lo cumpliste? La iglesia ha tratado de contestar estas preguntas por siglos y el resultado siempre ha sido una esclavitud religiosa y legalista. Entonces, ¿cuál es la respuesta? Se debe empezar por hacer la pregunta correcta. No es: "¿Qué debemos hacer? Más bien: "¿Qué hizo Jesús?" Este libro te ayudará a entender, por medio del libro de Romanos, la revelación del Apóstol Pablo de lo que Jesús hizo, nunca más preguntarás si estás cumpliendo con el estándar.

Código del artículo: 731
ISBN: 978-1-59548-094-1
Título en Inglés: *Grace, The Power Of The Gospel*
ISBN: 978-1-57794-921-3

La Guerra Ya Terminó

El pecado ya no es el problema entre Dios y el hombre; el precio ha sido pagado de una vez por todas. Dios envió a Su Hijo unigénito para que llevara nuestro pecado, y para que se convirtiera en pecado; y después lo juzgó sin misericordia por ese pecado. ¿Fue Su sacrificio suficiente para ti? ¿Crees que Dios está restringiendo Su bendición y que la razón es tu pecado? Si murieras con un pecado sin confesar, ¿te perderías de la salvación? Las respuestas que encontrarás en este libro te liberarán de la condenación y el temor. ¡Te liberarán para que recibas las promesas anunciadas por Dios!

Código del artículo: 733
ISBN: 978-1-59548-119-1
Título en Inglés: *The War is Over*
ISBN: 13:978-1-57794-935-0

ACERCA DEL AUTOR

Por más de tres décadas Andrew ha viajado por los Estados Unidos y por el mundo enseñando la verdad del Evangelio. Su profunda revelación de La Palabra de Dios es enseñada con claridad, simplicidad, enfatizando el amor incondicional de Dios y el equilibrio entre la gracia y la fe. Llega a millones de personas a través de sus programas diarios de radio y televisión *La Verdad del Evangelio*, transmitidos nacional e internacionalmente.

Fundó la escuela *Charis Bible College* en 1994 y desde entonces ha establecido extensiones del colegio CBC en varias ciudades principales de América y alrededor del mundo. Andrew ha producido una colección de materiales de enseñanza, disponibles en forma impresa, en formatos de audio y video. Y, como ha sido desde el inicio, su ministerio continúa proporcionando cintas de audio y CDS gratuitos a todos aquellos que no pueden adquirirlos.

PARA MAYOR INFORMACIÓN ESCRÍBENOS O LLÁMANOS:

Ministerios Andrew Wommack, Inc.
P.O. Box 3333 • Colorado Springs, CO 80934-3333
Correo electrónico: awommack@aol.com
Línea de ayuda (para solicitud de materiales y oración):
(719) 635-1111
Horas: 4:00 AM a 9:00 PM MST

O visítalo en la Internet:
www.awmi.net